공무원답게
일하라

공무원답게 일하라

2010년 11월 10일 초판 1쇄 발행
지은이 · 류랑도

펴낸이 · 박시형
책임편집 · 권정희, 이혜진 | 표지디자인 · 박보희 | 본문디자인 · 이정현

경영총괄 · 이준혁
디자인 · 김애숙, 서혜정, 박보희 | 출판기획 · 고아라, 김대준
편집 · 최세현, 권정희, 이선희, 김은경, 이혜진
마케팅 · 권금숙, 김석원, 김명래
경영지원 · 김상현, 이연정
펴낸곳 · (주)쌤앤파커스 | 출판신고 · 2006년 9월 25일 제313-2006-000210호
주소 · 서울시 마포구 동교동 203-2 신원빌딩 2층
전화 · 02-3140-4600 | 팩스 · 02-3140-4606 | 이메일 · info@smpk.co.kr

ⓒ 류랑도 (저작권자와 맺은 특약에 따라 검인을 생략합니다)
ISBN 978-89-92647-57-1 (03320)

쌤앤파커스(Sam&Parkers)는 독자 여러분의 책에 관한 아이디어와 원고 투고를 설레는 마음으로 기다리
고 있습니다. 책으로 엮기를 원하는 아이디어가 있으신 분은 이메일 book@smpk.co.kr로 간단한 개요
와 취지, 연락처 등을 보내주세요. 머뭇거리지 말고 문을 두드리세요. 길이 열립니다.

당신의 사명감이 대한민국을 바꾼다!

공무원답게 일하라

류랑도 지음

대한민국 공무원들이여,
이제 진정 '공무원답게' 일하라!

"당신, 참 공무원처럼 일하는군!"

만약 당신이 이런 말을 듣는다면, 어떤 생각이 들까?

어느 공공기관에서 조사한 결과, 공무원 100명 중 54명은 '공무원답다'라는 말을 칭찬보다는 비아냥거림으로 받아들인다고 한다. 공무원 스스로도 '공무원답다'라는 말을 부정적으로 해석하는 것이다. 그들은 '공무원답다'라는 말을 '융통성 없다', '일처리를 경직되게 한다', '지나치게 법규에 의존한다' 등으로 해석하며, 공공행정 서비스를 제공받는 국민의 입장에서 생각하기보다는 '복지부동', '무사안일'의 자세로 정해진 업무절차에만 의존하는 모습을 떠올렸다.

그러나 공무원이 일을 해서 국민의 니즈와 원츠를 만족시키고 성과를 창출하려면, 다른 누구도 아닌 '공무원답게' 일해야 한다.

공무원이란 어떤 존재인가? 공공기관에서 국민에게 대가를 받고 그들의 니즈(needs)와 원츠(wants)를 충족시키는 사람이다. '국민'이라는 거대한 고객을 대상으로, 그들이 기대하는 성과를 창출하지 않으면 제대로 된 공무원이라 할 수 없다.

그런 의미에서, 이 땅의 공무원들은 그동안 너무도 '공무원답지 못하게' 일해왔다. 성과가 창출되는 과정을 잘 관리해서 의도했던 성과목표를 달성해야 하는데, 그런 점은 도외시하고 지금까지 해오던 방식만 답습하거나 당장 눈앞에 떨어진 실적을 그때그때 메우는 데 급급했다.

일이 이렇게 된 데에는 성과관리를 앞세워 실적을 강요한 공공조직의 시스템도 한몫했지만, 공무원으로서 어떻게 일해야 할지를 되새기지 못한 개별 구성원들의 책임도 작다고 할 수 없다.

세상은 빠르게 변하고 있다. 2010년 들어 정부는 '호봉 테이블 폐지', '성과급 차등률 확대' 등 공공기관 선진화 정책의 일환으로 연봉제를 준비하고 있다. 국민 중심의 가치를 창출하기 위한 신호탄을 쏘아올린 것이다.

이제 성과와 역량이 부족하면 '철밥통' 공무원 사회에서도 버틸 수 없다. 오늘 당장 일하는 방식을 성과 중심으로 확 바꾸어야 한다. 어느 공공기관의 CEO가 통탄한 대로, '어제와 같은 방식으로 오늘 일하면서 내일이 변화되기를 기대하는 것'은 어리석다. 이제는 국민에게 좀 더 나은 성과를 선사하겠다는 공무원 본연의 자세로 돌아와, 진정 공무원답게 일해야 한다.

이 책은 자신의 업(業)에 대한 전문성을 강화하고 진정한 프로페셔널로 거듭나고자 하는 공무원, 제도와 시스템에만 의지하지 않고 자기주체성을 바탕으로 자율성과경영자로 혁신하고자 하는 공공기관에 근무하시는 분들을 위한 작은 선물이다. 주민센터부터 중앙행정기관까지, 이제 막 공무원 선서를 마치고 공직에 입문한 이들부터 조직의 핵심 일꾼인 팀·과장까지, 업무를 수행하다가 난관에 부딪힐 때, 제대로 일하고자 하는 마인드가 열악한 환경에 직면해 약해질 때, 필요할 때마다 옆에 두어 두고두고 펴볼 수 있도록 '성과관리를 위한 자율책임경영'의 모든 것을 담고자 노력했다.

이 책은 크게 3부로 구성되어 있다. 1부에서는 일반기업과는 다른 업무와 조직의 성격 때문에 '공무원에게는 성과관리가 필요 없다'고 생각하는 이들의 오해를 다루고 있다. 성과관리는 일반조직이 아니라 공공행정 업무를 수행하는 공공기관에 더 효과적일 수 있음을 설명했다.
그렇다면 공공기관에 성과관리를 성공적으로 정착시키기 위해서는 어떻게 해야 할까? 여러 가지 방법이 있겠지만, 우선 먼저 성과관리를 실행하고 있는 일반기업의 성공사례와 실패사례를 알아보고, 그 안에서 우리가 받아들여야 할 올바른 방법을 찾아내 적용하는 것이 시행착오를 줄이는 지름길일 것이다. 2부에서는 이 지름길을 안내하고 있다.

3부에서는 진정한 프로페셔널로서, 제대로 일하고 제대로 성과를 창출하기 위해 알아야 할 '공무원 성과관리의 7단계 로드맵'을 제시했다. 공공조직의 성격과 현실에 걸맞은 성과관리의 큰 그림을 그려 해법을 제시함과 동시에, 이를 핵심역량으로 체질화할 수 있는 구체적인 하우투(how-to) 역시 알려주고 있다.

아울러 부록에서는 일선경찰이 지난 1년간 겪은 성과관리 사례를 소개했다. 맨땅에서부터 시작해 여전히 도전 중인 그의 이야기에서 '성과목표에 의한 자율책임경영'이 조직과 공무원 개인을 어떻게 바꿀 수 있는지 구체적으로 확인하게 될 것이다.

공무원답게 일한다는 것은 무엇인가? 국민이 원하는 서비스를 제공해 새로운 고객가치를 창출한다는 '국민에 대한 철학', 자신이 공무를 수행하고 있음을 명확히 인식하고 조직과 동료에게 공헌하려는 '조직에 대한 철학', 일을 통해 자신의 인격을 수양하고, 미션과 비전을 달성하려는 '일에 대한 철학'을 갖추고 일하는 것이다.

공무원으로서 국가의 비전을 실현하고 자신의 비전도 실현하기 위해서는 마치 솔개와도 같이 기존의 일하는 방식, 생각하는 방식, 행동하는 방식이라는 부리와 발톱을 빼내고 다시 새롭게 돋아나게 하는 치열한 갱생의 과정을 거쳐야 한다.

'제대로 일하고, 제대로 성과를 창출하겠다'는 사명감으로 단단히 무장한 당신이 자신은 물론 당신의 조직을, 더 나아가 대한민국을 바꿔놓을 것임을 믿어 의심치 않는다. 건투를 빈다.

이 땅의 모든 공무원이 '공무원답게' 일하는 그날을 꿈꾸며

2010년 11월

안국동에서 **류랑도**

• contents •

1
PART

당신이 알고 있는 것은
'성과관리'가 아니다

2
PART

당신의 일은 '성과관리'에
초점이 맞춰져 있는가?

3 PART

성과관리 7단계를
핵심역량으로 체질화하라

당신이
알고 있는 것은
'성과관리'가
아니다

정부 중앙부처, 지방자치단체 등의 공공기관을 대상으로 강의나 경영자문을 하다 보면 성과관리에 대한 부정적 선입견이 가득한 현장의 목소리를 종종 접하곤 한다. 일하는 방식을 혁신하기 위해 도입한 성과관리지만, 그 본질이 오롯이 살아 있는 곳은 흔치 않은 듯하다. 우리나라의 공무원들은 성과관리를 어떻게 이해하고 받아들이고 있을까?

"성과관리는 사람이 아닌 제도나 시스템에 의해 이루어지는 것 아닙니까?"
"성과관리는 현업부서보다는 인사나 기획, 성과관리부서의 업무가 아닌가요?"
"성과관리는 목표를 설정할 때나 성과를 평가할 때 집중해서 하면 되지 않습니까?"

"성과관리는 결국 성과급이나 연봉제의 근거자료로 쓰려고 하는 것 아닙니까?"

"성과관리를 하다 보면 팀 내 이기주의가 발생하기 십상이지요. 조직 내에 위화감도 조성되고요."

"성과관리 때문에 단기실적에 치중하게 됩니다. 그러다 보니 정작 중요하게 추진해야 할 중장기적인 과제에 대해 신경을 덜 쓰게 되더군요."

이처럼 구성원들이 성과주의를 부정적으로 생각하다 보니, 성과관리를 아무리 열심히 해도 성과가 나기는커녕 프로세스의 혼선과 낭비만 발생하는 폐해가 되풀이되고 있다.

그러나 단언하건대, 이는 모두 불신에 근거한 '오해'에 불과하다. 공공기관의 많은 구성원들이 성과관리를 단순히 평가를 위한 제도나 시스템적인 측면으로 이해하는 경향이 있지만, 성과관리의 궁극적 목적은 제도나 원칙을 정비하는 것이 아니다. 이를 통해 '고객만족'을 이끌어내는 것이다.

그렇다면 공공기관의 제도 입안자들이나 구성원들이 성과관리에 대해 가장 많이 오해하고 있는 부분은 무엇일까? 대략 다음의 8가지로 압축할 수 있다.

오해 1 '성과관리는 공무원을 통제하기 위한 것이다'

오해 2 '성과관리는 이윤을 추구하는 기업의 업무에 적합하다'

오해 3 '성과목표는 구성원들이 스스로 알아서 설정해야 한다'

오해 4 '성과목표는 100% 계량화할 수 없다'

오해 5 '성과관리는 결과만 중시하고 과정은 무시한다'

오해 6 '성과관리는 연봉제를 위한 것이다'

오해 7 '성과관리는 단기 실적주의다'

오해 8 '성과관리는 업무위임이 중요하다'

성과관리에 대한 오해를 풀고 도입취지에 맞게 제대로 운영하기 위해서는 왜 성과관리가 필요한지, 성과관리가 추구하는 목적이 무엇인지에 대한 이해가 필요하다. 그러기 위해서는 성과관리의 형식적인 측면뿐 아니라, 본질적인 내용과 배경에 대한 이해 또한 놓쳐서는 안 될 것이다. 이에 대한 공감대 형성이 성과관리를 둘러싼 오해를 푸는 유일한 열쇠다.

1부에서는 성과관리란 무엇인지 다시 살펴보고, 진정한 성과관리를 실현하기 위해 조직구성원이 어떻게 행동해야 하는지 '성과관리에 대한 8가지 오해'를 풀어가는 과정에서 알아보도록 하겠다.

성과관리는 구성원을 통제하기 위한 것이다?

성과관리에 대한 오해와 진실 1

" 성과관리는 구성원을 통제하기 위한 것이다? "

" 성과관리는 구성원들의 창의성과 자율성을 극대화하기 위한 것이다. "

'성과관리'라는 말을 들으면 당신은 가장 먼저 무슨 생각이 드는가?

성과관리 담당자들의 말에 따르면, 대다수의 조직구성원들은 성과관리를 '업무수행과정을 일일이 통제하여 조직의 성과를 극대화시키는 것'이라 생각한다고 한다. 이 말에는 성과관리에 대한 부정적 뉘앙스가 짙게 배어 있다. 한마디로 자신을 감시하고 '잔소리'하는 것으로 생각하는 것이다. 이는 구성원들이 성과관리를 극구 반대하는 최고의(?) 논리이기도 하다. 구성원들 사이에 이러한 생각이 너무나도 넓게, 그리고 확고하게 뿌리박혀 있어 웬만한 논리로는 그들을 설득하기 어렵다는 것이 성과관리 담당자들의 전언이다.

물론 성과관리의 궁극적인 목적은 '최종성과의 극대화'이므로, 완전히 틀린 이야기는 아니다. 그러나 이것은 어디까지나 결과적으로 기대하는 것이지, 그 자체가 유일한 목적이 아님을 유념해야 한다. '성과의 극대화'만이 중요하다는 것은 성과관리를 겉으로만 이해하는 실적주의자들의 주장일 뿐이다.

그렇다면 진정한 성과관리란 무엇인가?

성과관리는 공급자가 아닌 '고객' 중심의 업무방식이다. 관리자가 업무수행과정을 통제하는 것이 아니라, 리더와 실무자가 사전에 합의한 성과목표와 실행전략을 바탕으로 실무자가 자율적으로 업무를 수행하는 것이다. 그런 차원에서 성과관리를 '성과목표에 의한 자율책임경영', MBO(Management By Objective)라 할 수 있다.

'자율책임경영'이라는 말에서 알 수 있듯이, 성과관리는 구성원을 지시, 감독, 통제하여 성과를 향상시키고자 하는 것이 아니다. 리더와 구성원이 성과목표와 전략을 사전에 합의하고, 구성원에게 전략실행에 대한 의사결정권한을 위임한 실무자 중심의 체제로서, 이를 통해 업무수행의 성과를 극대화하고 동시에 구성원의 역량계발을 이끌어내는 '일하는 방식의 혁명'이다. 세계적 경영 구루 게리 해멀(Gary

Hamel)은 이를 두고 '관리혁신(management innovation)'이라 칭하기도
했다.

그러면 이쯤에서 우리 공무원의 업무현실을 돌아보자. 과연 MBO
에 걸맞은 자율책임경영이 실현되고 있는가? 일하는 방식의 혁명이
추진되고 있는가?

안타깝게도 'Yes'라 답할 수 없는 상황이다.

지금까지 우리는 관리자에 의해 업무내용과 실행과정이 일일이
결정되는 '관리자 중심 방식'으로 일해왔다. 관리자가 구성원의 업
무수행과정을 통제하고 감시하며, 평가와 보상까지 모두 결정하는 관
리자에 의한 통제, MBM(Management By Manager) 시스템이라 할 수
있다. 품의에 의한 결재 시스템이나 위임전결 시스템 등은 구성원들
이 수행하는 모든 일이 관리자의 손을 거치지 않고는 어느 것 하나
제대로 진행될 수 없음을 보여주는 단적인 예다. 하다못해 관리자가
하루라도 자리를 비우면 모든 의사결정이 마비돼 버리는 인치(人治)
시스템인 것이다.

그동안 우리가 소위 '윗사람', 즉 업무를 지시하는 사람을 어떻게
생각해왔느냐 하는 것만 보아도 우리가 어떻게 일해왔는지 알 수 있
다. MBM에서의 윗사람은 '상사' 또는 '관리자'라는 개념으로 인식
되며, 조직의 업무나 기능을 중심으로 업무를 분장하여 구성원에게
배분한다. 그리고 업무를 수행하는 과정에서 결재나 회의를 통해 업

무를 일일이 지시하고, 보고받으며, 자신의 마음에 드는 방식으로 수정하게 한다. 또한 시킨 일을 잘하고 있는지 다양한 채널을 통해 모니터링(monitoring)한다.

물론 이러한 방식이 백해무익한 것은 아니다. 단기간 내에 처리해야 할 돌발상황 등 몇몇 특수한 상황에서 탄력적으로 적용한다면 효과를 발휘하기도 한다. 그러나 장기간, 일상적 상황, 또는 실무자들의 업무특성과 역량이 서로 다른 환경에서는 효과가 반감될 수밖에 없다. 모든 일이 관리자의 손을 거쳐야 하므로 업무수행방법에 대한 구성원들의 창의성이 떨어지고, 적극적인 참여나 헌신도 점차 약해지기 때문이다. 쉽게 말해 관리자는 '까라면 까'라는 안이한 생각에, 구성원은 '시키면 시키는 대로 하면 되지'라는 사고방식에 젖게 되는 것이다.

그 결과, 관리자를 포함한 전 구성원들은 '결과'로 나타나는 수치화된 실적목표를 달성하는 데만 집중하게 된다. 그것이 현재 사람들이 오해하는 '성과관리'의 현주소다.

그렇다면 '관리자에 의한 통제(MBM)'와 상반되는 '성과목표에 의한 자율책임경영(MBO)'은 어떻게 움직이는가?

우선 '윗사람'의 역할이 다르다. 성과관리에 적합한 '리더'는 구성원 위에 군림하거나 감시하는 사람이 아니다. 리더는 구성원들이 신바람 나게 일할 수 있도록 여건을 조성해주고, 자율적으로 성과를 창출하도록 돕는 역할에 몰입한다.

좀 더 자세히 살펴보자. MBO 하에서 리더들은 조직의 성과목표를 달성하기 위해 구성원의 전략목표를 부여할 때, 일방적으로 목표를 하달하는 대신 구성원과 공감대를 형성해 그들 스스로 실행과제를 감안해서 전략목표를 협의하도록 '요청'한다. 그런 다음 성과목표를 달성하기 위한 전략과 방법이 합의되면 실행에 대해서는 구성원들이 전적으로 권한을 행사할 수 있도록 '위임'해준다. 그리고 리더 본인은 실행에 필요한 자원을 '지원'하고 '코칭'하는 역할을 맡는다. 최종적으로, 사전에 합의한 대로 성과목표가 달성되면 목표달성에 결정적인 역할을 한 요인들을 분석하여 구성원들이 더 발전할 수 있도록 '피드백'하고 '평가'를 수행한다.

구성원 입장에서는 상위조직과 연계해 자신의 성과목표를 협의하여 설정하고, 자신이 책임져야 할 성과목표를 달성하기 위해 스스로 전략과 방법을 고민하여 실행과제를 도출해 일한다. 그리고 약속한 기간이 지난 뒤, 사전에 합의한 성과목표와 비교하여 자신의 성과를 평가한다. 이러한 모든 과정이 끝나면 과정 전반에 대해 피드백을 받는다.

당신이 생각하는 성과관리의 상(象)과 비교할 때, 어떤가?

'성과목표에 의한 자율책임경영'은 구성원들이 성과목표지향적 업무방식을 갖추도록 유도하며, '내 일은 내가 끝까지 책임진다!'라는 사고방식을 갖도록 만든다. 그리고 조직목표 달성 기여도에 따라 개인의 성과에 대해 보상함으로써 궁극적으로 업무의 생산성과 효율성을 제고한다.

읽으면서 느끼셨겠지만, 이러한 성과관리에는 거대한 전제가 있다. 바로 업무수행과 실행방법에 대해 가장 잘 아는 사람은 '실무자'라는 믿음이 그것이다. 이러한 전제를 기반으로 실무자와 목표를 합의하고, 실행에 관해서는 과감히 믿고 맡겨 성과를 극대화하는 것이 MBO의 핵심이다.

실제로 MBO를 실행해보면 그 영향력은 명확해진다. 사전에 성과목표와 실행전략을 합의하는 과정에서 업무수행의 방향이 분명해지고, 실행에 대해서는 전권을 위임하다 보니 실무자들은 자신이 인정받고 있다는 생각에 열정적으로 업무에 몰입할 수 있다. 아울러 업무현장에서 얻는 교훈과 리더의 코칭이 맞물림으로써 '역량계발'이라는 또 다른 결실도 얻게 된다.

이처럼 프로세스를 추진함으로써 성과목표 달성과 실무자 역량계발이라는 두 마리 토끼를 동시에 잡는다는 점에서, MBO는 결과만을 중심에 두는 MBM과는 달리 '전략적 과정주의'라고도 할 수 있다.

정리해보자.

성과관리는 구성원들의 업무과정을 통제하기 위한 것이 아니다. 오히려 업무수행과정에 대한 자율성을 최대한 보장하여, 구성원들의 창의성을 극대화하고자 하는 것이다. 성과관리는 전략실행의 핵심조직인 팀과 구성원을 중심으로, 달성해야 할 성과목표와 전략에 대해서는 사전에 합의하고 구체적인 실행방법에 대해서는 구성원들에게 전적으로 권한을 위임하는 '자율책임경영 방식'이다.

오해 2 | 성과관리는 이윤을 추구하는 기업에 적합하다?

성과관리에 대한 오해와 진실 2

" 성과관리는 이윤을 추구하는 기업에 적합하다? " VS " 성과관리는 불확실하고 정성적인 공공기관의 업무에 더 효과적이다. "

최근 공공기관의 성과관리 시스템에 대한 어느 연구조사에 따르면 BSC(Balanced Score Card, 균형성과표)를 기반으로 한 성과관리 시스템을 사용하고 있는 부처가 약 70%에 이르고, BSC에 다른 성과관리 모형을 결합하여 사용하고 있는 부처도 약 15%나 되는 것으로 나타났다. 대부분의 공공기관이 BSC에 기반을 둔 성과관리 시스템을 운영하고 있는 셈이다.

그동안 일반기업을 중심으로 도입, 확산되어온 BSC 기반의 성과관리는 무형자산의 가치를 염두에 두어 성과를 극대화하겠다는 전략적 의도에서 비롯된 것이다. 이는 매출액, 당기순이익, 품질, 원가 등 재무적이고 눈에 보이는 성과에만 집착해왔던 후진적인 기업경영 시스템에 경종을 울렸다. 그리고 이러한 흐름에 맞물려 공공기관에서도 BSC를 기반으로 하는 성과관리를 활발히 도입하고 있다.

이런 측면에서, 일견 '성과관리'는 이윤을 추구하는 기업에 어울리는 개념이라고 생각된다. 그런데 공공기관에 성과관리가 더 필요하고 효과적인 이유는 무엇일까?

'무형요소'를 성과에 반영하는 BSC의 특성이 이상적이고 공익적 가치를 추구하는 공공기관의 업무특성에 부합하기 때문이다. 이에 대해 좀 더 구체적으로 살펴보자.

어느 기업의 CEO는 "눈에 보이는 자원의 낭비를 막아서 얻는 이익보다, 눈에 보이지 않는 고객가치를 찾는 노력을 소홀히 함으로써 잃어버리는 손실의 규모가 훨씬 크다."고 일침을 가한 바 있다. 무형자산의 중요성을 함축적으로 설명하는 말이다. 고객가치 등 무형의 자산은 '숫자'로 환산하여 평가하기가 쉽지 않기 때문에, 단기실적에 목을 매는 조직은 눈앞에 닥친 '마감'에 급급해 이런 무형자산에 소홀하기 쉽다. 따라서 사전에 리더와 구성원이 고객가치의 중요성에 대해 철저히 공감하고 이를 반영한 목표를 설정해야 한다.

이런 측면에서 생각해보면, 성과가 눈에 잘 보이지 않는 공공기관의 업무일수록 '무형의 가치'를 성과목표에 깊이 각인하는 과정이 절대적으로 필요하다 할 것이다. BSC 등의 성과관리는 유·무형자산을 연계하는 통합적인 성과관리를 지향하므로 '대 국민 서비스'라는 공익의 목표를 추구하는 공공기관에 적합한 시스템이다.

또한 일반기업보다 그 성과가 늦게 나타나는 업무이기 때문에 더더욱 이루고자 하는 성과목표를 사전에 명확하게 정의하는 과정이 필요하다. 성과관리 시스템은 전 구성원의 머릿속에 목표가 달성되었을 때의 아웃풋 이미지를 조감도 형태로 구체적으로 그려준다. 그렇게 업무의 맥을 짚음으로써 언제 어디서든 업무수행의 본질인 성과목표를 잊지 않고 최소한의 자원을 활용해 일을 신속하게 처리하는 '일하는 방식의 혁신'을 이루는 것이다. 이것이야말로 우리 공무원들이 일반기업의 구성원보다도 더욱 신경 써서 몸에 장착시켜야 할 성공 DNA가 아닐까.

공공기관 업무의 또 다른 특성은 일관성과 통제 가능성이 높아야 한다는 것이다. 특히 공공업무는 전체 국민을 대상으로 하는 서비스여서, '일하는 사람'에 따라 같은 일이 다르게 처리된다면 고객인 국민에게 혼란을 줄 우려가 있다. 그러나 안타깝게도 기존의 업무 실행방식은 업무를 처리하는 개개인의 소양과 자질에 많이 좌우되었고, 그에 따라 고객인 국민의 만족 여부가 결정된 면이 적지 않다.

이런 문제를 미연에 방지하고, 모든 공무원이 궁극적으로 추구하는 명제인 '대 국민 서비스 차별화'를 창출하는 방안으로 성과관리가 좋은 해답이 될 수 있다. 사전에 성과목표가 명확히 형상화되고, 이를 달성하는 데 중추적 역할을 하는 선행과제를 파악한다면 어떻겠는가? 공무원 개개인의 올바른 행동을 고무시키고, 보다 일관성 있고 통제 가능한 성과창출이 가능하지 않겠는가. 성과관리가 하나의 '전략적 커뮤니케이션 시스템'의 역할을 하는 것이다.

공공서비스 업무는 단기간에 성패를 판가름할 수 있는 것이 아니다. '대 국민 서비스 차별화'라는 성과목표과제가 수면 위의 빙산이라면, 이를 수행하기 위한 내부 프로세스, 업무생산성 향상에 결정적 영향을 미치는 학습과 성장은 수면 아래의 거대한 빙산과 같은 역할을 한다. 따라서 공공서비스의 성과를 달성하기 위해서는 수면 위의 빙산만 볼 것이 아니라 성과달성을 둘러싼 제반 사항을 입체적으로 보고 판단하는 시야를 길러야 한다. 그런 면에서 BSC로 대표되는 성과관리는 가장 입체적으로 성과달성의 로드맵을 그려줄 수 있는 대안이다.

자, 요약해보자. 공공부문은 창출되는 고객가치가 눈에 잘 보이지 않고, 성과창출에 오랜 시간이 걸리며, 고객의 범위 또한 광범위하고 불확정적이다. 이러한 특성을 고려해볼 때, 일반기업보다 공공기관에서 성과관리의 중요성이 몇 배 더 강조되어야 할 것이다.

오해 3 | 성과목표는 구성원이 스스로 알아서 설정해야 한다?

성과관리에 대한 오해와 진실 3

" 성과목표는 구성원이 스스로 알아서 설정해야 한다? "

VS

" 성과목표는 성과책임을 갖고 있는 리더가 부여해야 한다. 실무자는 성과목표 달성을 위한 실행목표를 설정하는 자다. "

지금까지 성과관리, 즉 성과목표에 의한 자율책임경영이 얼마나 중요한지 알아보았다. 그렇다면 이에 가장 큰 역할을 하는 '성과목표'란 과연 무엇인가? 이는 누가, 어떤 기준에 의해 설정해야 하는 것인가?

간단히 말하자면 '성과목표'란 상위조직의 리더가 '고객'으로서 하위 실행조직이나 구성원인 '공급자'에게 요구하는 '고객만족기준'이다.

즉 성과목표란 리더가 요구하는 요구사항의 결정체라 할 수 있다. 그러므로 업무를 실행하기 전, 고객인 리더들은 공급자인 구성원에게 자신이 원하는 성과목표를 정확히 알려줘야 할 의무가 있다. 그러나 현실은 그렇지 않다.

대부분의 공공기관에서는 업무수행을 위한 과제나 다음 연도의 성과목표를 어떻게 설정할까? 이야기를 들어보면 이렇다. 업무담당 실무자가 과거의 실적을 근거로 차기년도에 해야 할 과제와 핵심성과지표를 설정해 직속 상사인 팀장 혹은 과장의 검토를 받는다. 그리고 이를 조직 성과관리를 담당하는 부서에 제출하고 확정짓는다. 하위 실행조직 또는 구성원이 목표를 설정하고 이를 상위조직에서 취합, 합산한 값을 최종목표로 설정하는 '바텀 업(bottom-up) 방식'을 적용하는 것이다.

이를 권한위임에 따른 민주적인 방법이라고 긍정적으로 평가할 수도 있을 것이다. 그러나 이 방식에는 간과해선 안 될 맹점이 존재한다. 하위 실행조직, 구성원이 목표를 설정하기 때문에 조직 전체를 아우르는 통찰적, 역사적 시각이 부족할 수밖에 없고, 그러다 보니 전체 조직의 비전이나 중장기 목표를 반영해 전략적이고 도전적으로 목표를 설정하기가 힘들다.

성과목표는 앞서 말했듯 '고객만족기준'이자 고객의 요구사항이다.

그러므로 목표는 고객에게서 나와야 한다.

그렇다면 조직 내부에서 볼 때 '고객'이란 누구인가? 시간의 관점에서는 현재에 대한 '미래'이며, 공간의 관점에서는 하위조직에 대한 '상위조직'이다.

여기서 현재 공공기관이 성과목표를 설정하면서 빚는 가장 큰 오류 두 가지가 드러난다.

첫 번째 오류는 '과거'의 실적을 기준으로 미래의 성과목표를 설정하는 것이다.

성과목표는 그 본질상 미래를 기준으로 해야 한다. 과거의 실적은 성과목표를 세울 때 감안하는 참고사항일 뿐, 기준이 될 수는 없다. 성과목표는 기관이나 소속 조직의 중장기 목표와 미래의 비전을 감안해 설정해야 한다.

두 번째 오류는 고객이 아닌 공급자, 즉 실무자가 성과목표를 설정하는 것이다.

공급자가 목표를 설정하면 고객의 요구가 반영되지 못할 위험이 커진다. 따라서 실무자가 아닌 상위조직의 책임자, 즉 리더가 고객의 관점에서 성과목표를 요구해야 옳다. 공급자가 과거의 실적에 근거해 자의적으로 목표를 설정하는 것은 결코 올바른 성과관리라 할 수 없다.

성과관리, 즉 '성과목표에 의한 자율책임경영'이 성공적으로 정착되려면 보다 중요하고 전략적인 성과책임을 가지고 있는 리더가 성과목표를 부여하고(top-down), 실무자인 구성원은 이를 달성하기 위한 실행전략과 방법을 입안해(bottom-up) 리더와 사전에 합의하여 확정해야 한다. 말하자면 '미들 업 다운(middle-up-down) 방식'을 적용하는 것이다.

이 방식은 성과목표 설정이라는 측면뿐 아니라 목표달성전략을 실행하는 데도 중요한 의미를 지닌다. 성과관리의 궁극적 목적이 자기주도적 성과관리, 즉 구성원 각자의 성과책임을 바탕으로 한 자발적 참여의 성과관리에 있기 때문이다. '미들 업 다운 방식'은 전략실행 방법을 선택할 권한을 구성원들에게 부여하고, 창의적이고 혁신적인 아이디어를 발휘할 수 있는 구조를 마련하는 토대가 될 수 있다.

도표 '미들 업 다운 방식'의 목표설정

리더
성과책임
"목표 부여"

"Middle-Up-Down"

성과목표

• 'Top-Down' + 'Bottom-Up'
• 리더와 실무자가 '전략'을 매개체로 합의해 설정
• 전략적 성과목표의 전개, '캐스케이딩(cascading)' 활용

실무자(구성원)
성과실행
"목표달성전략 수립"

그렇다면 리더는 어떻게 목표를 부여해야 할까?

흔히 전체 목표를 n분의 1로 각 단위 및 구성원에게 배분하는 '디바이딩(dividing)' 방식을 취하곤 하는데, 여기에는 결정적인 문제가 있다. 단위부서 및 구성원들의 역량이나 업무특성이 전혀 고려되지 않고 똑같은 목표를 기계적으로 나눠 갖는 식이기 때문이다.

목표가 달성 가능한 것이 되려면 전략적이고 구체적인 형태로 새롭게 해석되어야 한다. '캐스케이딩(cascading)' 방식이 그 대안이 될 수 있다. 이는 '전략적 성과목표의 전개'를 가리키는 것으로, 성과관리의 취지에 맞도록 올바른 성과목표를 설정하는 데 매우 중요한 요소다.

사례를 들어 설명해보자. 다음은 어느 공공기관에서 실제로 성과목표를 설정한 것이다.

도표 공공기관의 성과목표 디바이딩 사례

구분	기관 차원 전략	기관 차원의 KPI	인사혁신팀의 KPI
고객	최고의 행정 서비스 제공	내·외부고객 만족도	내부고객 만족도
업무수행	정부혁신으로 정부효율성 구현	○○○부처의 혁신관리 수준	역량기반 교육훈련 횟수 / 개방형, 교류형 인사 횟수
운영혁신	정책품질관리 강화	정책품질관리 실적	정책품질관리 실적
	업무프로세스 개선	업무프로세스 개선실적	업무프로세스 개선실적
학습성장	인적자원역량 강화	인당 교육훈련 시간	인당 교육훈련 시간
	정보화역량 강화	지식행정시스템 활용 마일리지	지식행정시스템 활용 마일리지

전략적 배분(인수분해)인 캐스케이딩이 이루어지지 않음
기관 차원의 성과지표가 팀에서도 동일한 지표로 사용됨

도표에 따르면 기관 차원의 전략과제가 '최고의 행정서비스 제공' 또는 '인적자원역량 강화', '정보화역량 강화'로 되어 있다. 그런데 이 전략과제의 목적달성 여부를 측정하는 기준인 핵심성과지표(Key Performance Indicator, KPI)가 인사혁신팀 차원에서 책임지는 KPI와 동일하게 운영되었다는 것을 알 수 있다. 전략적 캐스케이딩이 이루어지지 못한 디바이딩의 전형적 사례다.

공공기관 내부의 성과계약서를 보면, 국장의 목표를 과장과 서기관 사이에 단순히 연계시켜놓고 이를 캐스케이딩이라 포장한 경우가 간혹 있다. 그러나 이는 기관의 목표를 물리적으로 단순 배분한 디바이딩에 지나지 않는다.

이를 캐스케이딩 방식으로 처리하려면 어떻게 해야 할까? 우선 인사혁신팀에서 기관 전체의 성과목표를 달성하기 위한 전략을 기관장과 국·실장 차원에서 수립하고, 이를 가지고 다시 국·실장과 팀·과장이 모여 성과목표 달성전략을 수립하는 단계를 거쳐야 한다. 그 과정에서 어떤 것이 전략적으로 더 중요한지 판단하고, 각 팀의 성격에 따라 보다 세부적이고 실천 가능한 성과지표를 도출해야 한다.

이렇게 목표를 잘게 쪼개야 일선 공무원들이 성과목표를 달성하기 위해 먼저 수행해야 할 구체적인 목표와 바람직한 행동을 인지하고, 보다 적극적으로 실행에 옮길 수 있을 것이다.

오해 4 | 성과목표는 100% 계량화할 수 없다?

성과관리에 대한 오해와 진실 4

> 성과목표는
> 100% 계량화할 수 없다?

VS

> 성과목표는 반드시 모두
> 계량화해야 한다.

일반기업에 근무하는 대부분의 사람들이 성과관리에 대해 갖고 있는 가장 흔한 오해 중 하나는 이것이다. '영업 또는 생산부서와 같은 곳에서야 숫자로 목표를 제시할 수 있지만, R&D나 지원부서 같은 데서 그게 가능하겠어?'

어디 일반기업뿐이랴. 공공기관도 더했으면 더했지, 덜하지 않다. 성과목표를 구체적으로 수치화하는 것이 불가능하다고 주장한다.

행정지원 업무가 대부분이고, 이러한 업무는 특성상 그 결과가 눈에 확 드러나지 않기 때문이다. 성과 역시 단기간 내에 측정하기 힘들기 때문에, 정해진 규정과 절차에 따라 정해진 기간 내에 차질 없이 업무를 수행하는 것이 최선이라고 말한다. 요컨대 공공기관의 성과목표는 굳이 계량화하지 않고 '정성적 목표', '비계량적인 목표'로 운영해도 된다는 것이다.

정말 그럴까? 공공기관에서 달성하고자 하는 목표는 계량화하지 않아도 되는 것일까?

천만의 말씀이다.

오히려 불확실하고 정성적일수록 더 계량화하려는 노력을 해야 한다. 모든 '관리'는 불확실성을 최소화하는 것이다. 아웃풋이 불확실한 공공기관의 업무라면 더더욱 불확실성을 최대한 제거하려고 노력해야 하는데, 이러한 노력의 기준이 바로 '계량화한 성과목표'다. 목표를 계량화하지 않으면 목표의식이 희미해지기 쉽고, 업무 이해당사자 간에 동상이몽을 꿀 가능성이 높다.

더욱이 이는 공공기관의 업무특성과도 연관돼 있다. 공공기관의 업무는 고객지향적 특성이 강하다. 다시 말해 고객마다 요구하는 것이 다르고, 만족하는 가치가 다르다. 그러므로 고객 접점에 있는 일선 공무원들이 고객의 니즈와 원츠를 철저히 파악해 기관에 전달하고, 이를 수치화해 객관적으로 측정 가능한 성과목표를 창출할 수 있도록 애써야 한다.

다음에 제시하는 사례는 성과목표를 명확하게 구체화하고 수치화함으로써 고객만족을 실현한 좋은 예다.

안산시청과 안산시 호수동, 본오3동 주민센터는 24시간 민원서비스를 시작했다. 도시 특성상 공단 근로자와 맞벌이 부부가 많아, 낮에 관공서에 방문하기 어렵다는 사실을 간파한 결과물이었다.

시청에 4명, 동에 8명의 공무원이 2개조로 편성되어 시작한 민원서비스의 반응은 가히 폭발적이었다. 1년여 동안 단 3곳에서 오후 6시부터 오전 9시까지 처리한 민원이 약 18만 건. 더욱 놀라운 사실은 방문한 민원인의 15%가 안산 시민이 아닌 주변도시의 시민들이었다는 것이다.

안산시 공무원들은 고객인 시민들의 불편함을 파악하고, 이들을 만족시키기 위해 '눈에 보이는' 목표를 설정했다. 기존의 '민원만족도'라는 막연한 핵심성과지표가 아닌, 민원서류 발급 서비스 만족도 제고를 초점으로 한 '야간 서비스 이용률'이라는 성과지표를 제시한 것이다. 이는 구성원들에게 뚜렷한 목표의식을 심어주었고, 고객들에게 차별화된 국민 행정서비스를 제공하는 기반이 되었다.

'민원만족도'는 얼핏 보기에 매우 주관적이고 정성적이어서 객관적으로 측정하기 어렵다. 그러나 안산시청과 주민센터는 이 애매한 목표에 '야간 서비스 이용률'이라는 계량화된 측정기준을 도입함으로써 실행전략을 구체적으로 마련하고, 나아가 신규 서비스의 효과를 배가할 수 있었다. '계량화된 성과목표설정'의 파괴력을 보여준 것이다.

그러나 안타깝게도 우리 공공기관의 성과목표나 핵심성과지표를 보면 여전히 두루뭉술하고 정성적인 형태가 대부분이다. 이는 목적과 목표를 구분하지 못한 데서 비롯된 듯하다. 목적이란 그 일을 하는 이유다. 한편 목표란 타깃은 무엇인지, 목적을 어느 정도 달성할 것이며 최종적으로 도달하고자 하는 고지는 어디인지 명시적이고 구체적으로 표현한 것이다.

따라서 목표는 항상 수치화할 수 있어야 한다. 리더와 구성원이 목표와 실행방법에 합의하기 위해서라도 수치화된 목표는 반드시 필요하다. 그러나 부득이하게 수치화하지 못하는 목표의 경우에는 최종 아웃풋 이미지(output image)에 대한 합의라도 도출해야 한다. 그리하여 목표를 구체적으로 표현하고 전달하고, 조직구성원 모두가 명쾌하게 공감할 수 있어야 한다. 이는 아무리 강조해도 지나치지 않으며, 모두가 반드시 유념해야 할 것이다.

목표를 계량화할 때는 반드시 잊지 말아야 할 점이 있다. 바로 전략과제와 핵심성과지표 사이의 상관관계를 명확히 하는 것이다.

다음은 우리 경찰의 성과목표다. 이를 보며 성과목표의 수치화와 계량화에 대해 좀 더 자세히 이야기해보자.

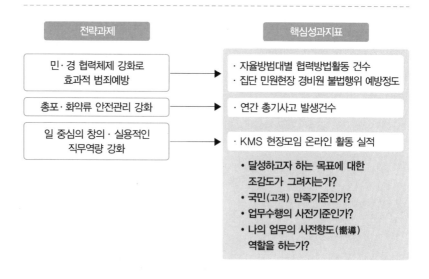

자, 어떠한가? 전략과제에 대한 핵심성과지표를 '실적'의 형태로 수치화, 계량화하는 것에는 성공했으나 미흡한 부분이 있음을 알 수 있다. 원래 전략과제를 도출하면서 의도했던 목적을 제대로 형상화 하지 못했기 때문이다. 전략과제 중 하나인 '일 중심의 창의·실용적 인 직무역량 강화'를 통해 이루고자 하는 궁극적 목표가 '지식관리 시스템(Knowledge Management System, KMS) 현장모임 온라인 활동 실 적'을 높이는 것이었을까? 그건 아닐 것이다. 예컨대 '교통인력을 양 성하는 것'이 목적이었다면, '교통직무인력의 KMS 현장모임 온라인 활동 성과' 등의 보다 명확한 타기팅이 필요한 것이다. 직무역량 강 화라는 과제를 수행하는 포괄적 의도가 아닌, 어떤 직무역량을 제고

시킬 것인지를 명확히 하고, 이러한 구체적 의도를 핵심성과지표에 반영해야 한다.

지금 우리 조직은 어떠한가? 흔히 관리자는 "열심히 해봐!" "무슨 말인지 알지?" 하고 이야기하고, 구성원들도 '일단 자료를 읽어보면 대충 알겠지', '하다보면 답이 나오겠지' 하고 생각한다. 그러나 언제까지 이렇게 일할 것인가? 맹목적으로 성과목표를 제시하고, 맹목적으로 실행해봐야 한정된 자원인 시간과 예산을 낭비할 뿐이다.

성과목표를 수치화하고 계량화하는 것은 단순히 자신이 업무수행을 통해 달성하고자 하는 목표를 숫자로 표시하는 것이 아니다. 그 목표가 어떤 상태인지, 어떤 조건을 갖고 있는지 명확히 형상화하는 것이다. 그러려면 먼저 목표에 대한 완벽한 이해가 선행되어야 한다. 그러므로 성과목표를 수치화, 계량화한다는 것은 목표와 업무를 얼마나 장악하고 있는지 가늠하는 척도도 될 것이다.

목적지까지 찾아갈 때, 이정표는 명확하면 명확할수록 좋다. 이와 마찬가지로 성과관리라는 목적지에 도달하기 위해서는 이정표인 성과목표가 명확하게 제시되어야 한다. 그러니 성과목표는 수치화하고, 계량화하여 누구라도 알아볼 수 있게끔 명확히 제시하라. 이는 성과목표를 제시하는 리더에게도, 성과목표에 합의하고 그 전략을 세우는 구성원에게도 좋은 길잡이가 될 것이다.

오해 5 성과관리는 결과만 중시하고 과정은 무시한다?

성과관리에 대한 오해와 진실 5

" 성과관리는 결과만 중시하고 과정은 무시한다? "

VS

" 성과관리는 결과와 과정을 모두 중시하는 '전략적 과정주의'다. "

매년 10월이 되면 수많은 공공기관의 움직임이 바빠진다. 다음 해 사업목표와 예산을 수립하기 위해서다. 그러나 이처럼 요란하게 목표를 세워놓고도, 정작 실행과정에서는 목표를 거들떠보지도 않는 기관이 많다. 그러다 연말이 되면 공공기관 경영평가다 뭐다 하면서 야단법석을 떠는 것이 마치 관행처럼 되풀이되는 모습을 볼 수 있다. 심지어 평가를 잘 받아보려고 변칙과 편법을 쓰는 곳들도 있다.

도대체 왜 이러한 행태가 벌어지는 것일까? 과정이야 어떻든 원하는 결과를 이끌어내면 된다는 생각이 팽배해 있기 때문이다.

지방자치단체장들의 업무추진비가 그 대표적 사례다. 정확한 사용 내역을 공개하지 않아 '쌈짓돈'이라는 비판을 받아온 지 오래인 업무추진비. 설령 공개를 하더라도 항목을 임의로 결정했기 때문에 지자체마다 제각각이어서, 시민단체들로부터 사용내역을 투명하게 공개하라는 정보공개청구 소송이 잇따랐다.

아무리 좋은 평가를 받은 기관이라 할지라도, 그 평가가 남들에게 떳떳하게 내놓지 못할 만큼 방만한 부실경영이나 협력회사와의 야합 등에 의한 결과라면 국민들의 인정을 받기 힘들 것이다.

비단 부정과 비리까지는 아니더라도, 성과가 도출되기까지의 과정이 아무도 볼 수 없는 밀실에서 이루어졌다면, 그 의미가 퇴색될 수밖에 없지 않겠는가? 그 과정을 주도한 사람에 대한 신뢰도 깨져버릴 것이다. 또한 그 성과가 반복적으로 창출될 것이라는 기대감도 낮아질 수밖에 없다. 성과가 어떤 과정을 거쳐 만들어졌는지를 검증받지 못했기에, 어쩌다 운이 좋아서 그렇게 된 건지 알 수 없다고 여기는 것이다.

성과란 모든 것이 계획한 대로 얼마나 최선을 다해 노력하느냐에 따라 만들어지는 것이다. 어느 날 우연히 나타나는 것이 아니다. 더욱

이 올바른 성과관리란 원하는 성과를 '지속적이고 반복적으로' 창출할 수 있도록 하는 것이다. 이 사실을 감안할 때, 단순히 결과에만 집착하고 성과를 달성하는 과정이 블랙박스 속에 가려져 제대로 볼 수 없다면, 이는 제대로 된 성과관리라고 볼 수 없다. 성과를 지속적으로 창출하기 위해서는 구성원 각자의 성과목표가 조직의 목표와 어떻게 연계되어 있는지 인지시켜야 한다. 또한 자원이 투입되어 성과로 나오기까지의 모든 과정은 투명한 유리창을 통해 들여다보듯 숨김이 없어야 한다.

성과관리가 과정은 무시한 채 결과만을 중시하는 것이라 생각했다면, 그 생각은 틀렸다. 절차상의 공정성과 투명성이 확보되어야만 개개인의 역량도, 조직의 성과도 지속적으로 성장할 수 있기 때문이다. 성과관리의 궁극적인 목적이 무엇인가? 구성원 각자가 자신의 성과목표는 물론, 조직의 성과목표에 대해 주인의식을 가지고 몰입함으로써 '일하는 문화를 혁신하기 위한 것'이다. 그러나 주위를 돌아보라. 어떠한가?

안타깝게도 현실에서 성과관리의 초점은 이러한 '개인의 능력과 역량 발전'이나 '일하는 문화의 혁신'에 맞춰져 있지 않다. 심지어 '기관 전체의 성과창출, 실행력 제고'도 한 순위 뒤로 밀려나 있다. 오직 개인의 실적을 관리하고 평가하는 '개인성과 평가'에만 집중할 뿐이다.

일례로 개인 목표관리(MBO) 제도를 살펴보자. 대다수의 공공기관에서 이 제도는 과연 어떻게 운영되고 있는가?

도표를 살펴보면 MBO 제도는 목표설정, 중간점검, 개인평가, 피드백 등의 단계로 구성되어 있음을 알 수 있다. 이 중 평가단계가 55%로 압도적인 비중을 차지하고 있으며, 중간점검 및 피드백은 상대적으로 낮은 21%의 비중을 차지하고 있다. 이는 기관도, 구성원들도 성과관리를 '업무수행결과', '평가위주의 관리'로 인식하고 있음을 나타낸다.

이는 곧 기관이나 구성원들이 성과주의를 '결과주의', '실적주의'와 같은 맥락으로 인식한다는 것을 방증한다. 그러나 성과주의와 결과주의는 엄격하게 구분되어야 하는, 엄연히 다른 개념이다.

결과주의 하에서는 최종성과 자체만을 중시한다. 최종성과를 내기

도표 개인 목표관리(MBO) 제도의 단계별 운영비중 현황

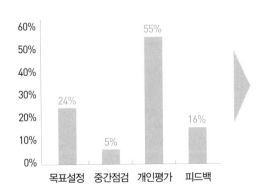

개인 MBO 단계별 운영비중을 살펴보면, 평가단계가 큰 비중을 차지하고 있으며, 중간점검 및 피드백(21%)의 비중은 상대적으로 낮게 나타남

→ 목표설정이나 실행력 제고를 위한 목표실행에 중점을 두기보다는 평가에 집중하고 있음

위한 중간 과정을 전략적으로 고민하기보다는, 과정이야 어떻든 결과에만 포커스를 맞추는 것이다.

그러나 '성과주의'는 최종성과뿐 아니라 과정도 중시하는 일종의 '전략적 과정주의'다. 달성하고자 하는 최종성과를 창출하는 데 결정적인 영향을 미치는 요인(factor), 즉 핵심성공요인과 예상장애요인을 찾아내어 시간이나 예산, 노동력과 같은 한정된 자원을 선택과 집중의 개념을 적용해 전략적으로 배분하는 것이다. 이를 바탕으로 실행주체들이 자율적이고 창의적으로 실행할 수 있도록 돕는 과정 중심의, 실무자 중심의 사상이다.

도표 성과주의 vs 결과주의

구분	성과주의	결과주의
초점	• 최종성과뿐 아니라 결과에 이르는 프로세스도 중시	• 주민만족도나 민원제기 건수, 오류건수 등과 같이 업무수행의 결과를 단순히 숫자로 나타낸 것을 중시 • 업무수행을 통해 추구하고자 하는 가치나 가치창출을 위한 과정전개보다는 결과 그 자체에만 집착
장점	• 성과를 가져오는 성과행동이나 중간성과를 파악함으로써 지속적인 성과창출 가능	• 단기목표달성을 위한 역량집중 가능
단점	• 성과목표를 부여하고 전략과 방법을 코칭해주는 리더의 육성이 미흡할 때는 실적주의나 결과주의로 전락할 우려	• 단절적이고 단기적인 방향으로만 업무 진행 • 핵심역량 구축이 어려워 지속적인 경쟁우위 상실 우려 • 고객의 신뢰 상실 우려
평가요소	"성과행동(발휘역량) / 성과"	"업무수행결과 / 실적"

또한 앞의 도표에서 볼 수 있듯, 결과주의는 최종성과만을 놓고 평가하지만, 성과주의는 성과를 창출하는 역량과 성과를 포함해 결과에 이르는 과정까지 중시한다. 우리는 이러한 차이를 망각하고 결과주의가 마치 성과주의인 양 떠벌리고, 눈에 보이는 것에만 집착해 진실을 왜곡한 채 보여주곤 했다.

성과주의 하에서 '과정'은 그 자체로 '커뮤니케이션 도구'가 된다. 성과주의에서는 비전과 같은 중장기 목표를 연간 단위의 성과목표로 쪼개고, 다시 월간 단위로 쪼개어 성과목표를 책임지는 주체에게 전략적으로 연계된다. 그러면 해당 성과주체는 월별 목표수준과 달성전략에 대해 고민한다. '어떻게 하면 목표달성에 주요한 과제들을 집중적으로 실행할 수 있을 것인가?'

이러한 일련의 과정에서 리더와 구성원 간의 의사소통이 활발히 이루어진다. 반면 결과주의에서는 과정에 그리 신경 쓰지 않기 때문에, 리더와 구성원이 함께 머리를 맞댈 필요성 자체를 느끼지 못한다. 리더가 생각하는 방법을 일방적으로 지시하거나 구성원의 생각을 그냥 용인하는 형태가 일반적인 모습이다.

이처럼 목표달성에 결정적인 영향을 미치는 '전략적 과정관리'가 진정한 성과관리의 핵심이다. 그런 만큼 '과정' 또한 결과와 함께 성과평가의 중요한 기준으로 인식되어야 한다.

오해 6 | 성과관리는 연봉제를 위한 것이다?

우리는 일을 하면서 역량의 몇 퍼센트를 발휘하고 있을까? 70%?
80%? 조직행동학자들의 연구에 의하면, 놀랍게도 대부분의 조직구성
원들이 자기 역량의 10~30%만을 발휘하고 있다고 한다. 나머지
70~90%의 역량은 잠재되어 있다는 것이다.

왜 대부분의 조직구성원들이 자신의 역량을 제대로 발휘하지 못하
는 것일까? 여러 연구결과에 따르면, 구성원들이 자율적으로 일할 수

있도록 두지 않고 그들을 통제하려 하기 때문이다.

《열정과 몰입의 방법》의 저자로 잘 알려진 케네스 토머스(Kenneth Thomas)는 '구성원을 조직에 열정적으로 헌신하게 만드는 방법 4가지'를 제시한다. 첫째, 자신이 하고 있는 일을 가치 있게 생각하도록 돕고, 둘째, 업무를 수행할 수 있는 실행권한을 부여하고, 셋째, 원활한 업무수행에 필요한 능력을 계발할 수 있도록 지원하며, 넷째, 업무수행을 통해 발전하고 있다는 느낌, 즉 성취감을 느끼게 하라는 것이다. 그러면 조직구성원들은 자연스럽게 자신이 하는 일, 자신이 근무하는 조직에 '미치도록' 열정과 역량을 쏟아 부을 것이라고 했다.

'공공기관의 성과관리 운영 목적'에는 '정책이나 사업에 대한 엄정한 성과관리를 통해 성과에 상응하는 정당한 보상을 줌으로써 공직사회 내 경쟁을 강화하고자 함'이라고 명시되어 있다. 즉 성과관리를 조직 내 경쟁을 강화하는 도구로 활용하겠다는 것이다. 성과평가의 결과를 차등 보상의 근거로 활용하는 것, 인사평가의 자료로 활용하는 것 등이 그 대표적 방법일 테다. 그러나 과연 이것이 성과관리를 제대로 이해하고, 적용하고 있는 것일까?

'달성한 성과에 상응하는 정당한 보상을 제시하는 것'이 성과관리의 목적이라고 한정짓는 것은 성과관리의 근본취지를 잘못 이해한 결과다. 성과에 따른 차등 보상은 성과관리를 효율적으로 하기 위한 일종의 실행수단일 뿐, 그 자체가 목적일 수는 없다. 그러나 일반기업들은 물론 공공기관들 역시 성과관리를 '성과에 따른 차등 보상'을 위한 것이라 주장하는 경우가 많은데, 이는 마치 코끼리의 일부분만 보고 그 전체를 판단하는 잘못을 범하는 것과 같다.

물론 성과관리가 인사평가와 연계되는 것 자체가 잘못이라는 말은 아니다. 성과에 근거해 합당한 보상을 해주기 위한 것도 물론 성과관리가 인사평가와 연계되어야 하는 이유 중 하나다. 하지만 더 근본적인 이유를 놓쳐서는 안 된다. 그것은 구성원들이 부여된 성과목표를 수행하는 과정에서 얼마나 많은 역량을 발휘하고 있는지, 보완해야 할 역량은 무엇인지 파악하는 데 있다. '지금 맡은 업무가 구성원의 역량과 능력을 최대한 발휘할 수 있는 업무인가?' 하는 것을 확인해 인적자원경영이 효율적으로 이루어지고 있는지 판단하려는 것이다. 즉 성과관리는 조직의 지속적인 성과를 창출해내기 위한 인적자원의 효율적인 확보, 활용, 개발, 보상과 밀접하게 연결되어 있는지 면밀히 파악하는 기준이 되는 것이다.

그러므로 평가의 목적이 무엇인지 분명히 하고, 그에 따라 성과관리에 의한 인사평가도 탄력적으로 운영해야 한다. 예를 들어 만약 인사평가의 목적이 금전적 동기부여를 위한 것이라면, 성과평가를 성과급 시행의 근거로 운영해야 할 것이다. 그러나 구성원 역량계발에 평가의 목적이 있다면, 구성원이 성과목표를 달성할 수 있는 전략적 실행력을 제고할 수 있도록 역량지표를 사전에 개발하여 역량계발목표에 대한 평가와 피드백에 초점을 맞춰야 할 것이다. 특히 공공기관에서 널리 운영하고 있는 '다면평가'는 개인의 자질이나 가치에 대한 평가에 초점을 맞춘 것이므로, 금전적 동기부여보다는 개인의 역량계발에 집중하는 것이 훨씬 효과적일 수 있다.

직무동기부여의 대가인 프레더릭 허즈버그(Frederick Herzberg)는 이렇게 말했다. "모름지기 리더는 자신의 목표를 경영하는 것에 그치지 않고, 구성원을 '자가발전기'로 바꿔줄 수 있어야 한다."

허즈버그는 동기부여가 된 사람들은 자기 몸 안에 마치 '자가발전 시스템'을 갖추고 있는 것과 같아서, 외부에서 물질적 보상이 주어지지 않더라도 필요한 행동을 한다고 주장한다. 반면 동기부여가 되지 않은 사람들은 내면에 마치 '충전식 건전지'가 있는 것 같아서, 물질적 보상을 통해 내면의 건전지를 충전해주어야 움직인다고 주장한다. 하는 행동도 단순히 요구되는 행동일 뿐이며, 그마저도 충전이 되지 않으면 멈추어버린다는 것이다.

그렇다면 자가발전기로 변신하기 위해서는 어떻게 해야 할까?

무엇보다도 구성원 개개인이 외부의 이끌림에 의해 자신의 삶이 변화되는 것을 받아들이기만 할 것이 아니라, 주체적으로 변화의 중심에 서야 한다. 스스로 동기부여하는 것을 게을리하지 말고, 리더에게 동기부여를 받는 것도 소홀히 하지 말라. 리더와 활발히 커뮤니케이션하고, 자신이 주체적 자가발전기가 되어 성과관리 본연의 목적인 '성과의 극대화'에 기여하도록 힘써라. 눈앞의 인센티브에 너무 무게 중심을 두지 말고, 미래를 준비할 수 있는 발전적 보상을 원해야 한다. 조직 차원에서도 금전적 보상뿐 아니라 일을 통해 구성원을 육성하고 그 능력을 인정해주는 내재적 보상까지 추구해야 할 것이다.

아울러 성과를 지속적으로 창출하기 위해서는 팀이나 과의 리더가 실행 주체인 구성원들의 몰입과 참여를 어떻게 이끌어내는지가 핵심이라 할 수 있다. 리더가 단순히 관리자의 역할만 수행해서는 곤란하다. 한 단위조직을 책임지고 경영하여 기대가치를 창출하는 CEO의 대리인으로서, 그리고 책임 있는 의사결정을 할 수 있는 경영 파트너로서 역할을 다해야 한다.

그러기 위해서는 무엇보다도 구성원들을 부하직원이나 아랫사람이라 생각하지 않고 자율적이고 창의적인 존재로 존중해야 한다. 리더는 CEO를 대신해 구성원들을 '대리경영'하고 있는 것이다. 그러므로 CEO를 대신해 구성원들에게 열정을 불어넣고, 목표를 명확히 제시해야 한다. 구성원들이 제대로 따라오고 있는지 지속적으로 확인하고, 개선하기 위한 방향을 설정해주는 노력 또한 필요하다. 구성원들이 조직에서 자신이 해야 할 역할과 책임에 대해 공감하고 목표를 정확하게 인식할 때, 진정한 의미에서의 '성과관리'를 실현할 수 있을 것이다.

당신은 대한민국 공무원이다. '공무'를 수행하는 사람은 일을 '자기혁명의 기회'로 삼아야 한다. 일을 통해 스스로를 수련하라. 일을 통해 자기 자신을 발전시키고, 성장한 자신의 역량으로 조직을 발전시켜라. 일을 단순히 경제적 수단의 창구, 소위 '밥줄'이라고 생각하는 것은 스스로를 비참하게 만들 뿐이다. '제대로 일하는 공무원'에게 일은 자기성찰의 도량이 될 것이다.

오해 7 | 성과관리는 단기 실적주의다?

성과관리에 대한 오해와 진실 7

"
성과관리는
단기 실적주의다?
"

VS

"
성과관리는 궁극적으로 미래의 중장기
성과와 단기성과를 동시에 고려한다.
"

단기 실적주의는 '업무수행 자체를 얼마나 많이 했는가'를 따진다. 반면 성과주의는 업무수행을 통해 '원래 의도했던 목적이 얼마나 달성되었느냐'를 본다. 즉 미래지향적인 '가치창출의 정도'를 따지는 것이다.

우리에게 '구성원 역량강화'라는 과제가 주어졌다고 생각해보자. 이 과제를 잘 수행했는지 못했는지 평가하는 기준은 무엇일까? '역량강화'의 목적에 얼마나 부합했느냐가 관건일 것이다. 일반적으로 이 과제의 성과를 측정하는 지표로 '교육실시 건수'나 '자기계발 실적' 등을 활용하는데, 이는 역량강화를 위해 단순히 얼마나 노력했는가를 알아보는 평가지표다.

만약 이 지표들이 높다면, 우리는 목적을 달성한 것일까? 그렇지 않다. 구성원 역량강화의 목적은 단순히 교육을 '얼마나 많이 시켰느냐' 하는 것보다는 교육을 통해 '어떤 기대가치를 창출하였느냐' 하는 것일 테니 말이다. 그러니 이를 측정할 수 있는 목적지향적 지표를 사용해야 한다. 이를테면 성과달성에 결정적인 영향을 미치는 '고객불만 감소율' 등을 들 수 있다. 역량을 강화하고자 하는 목적이 '고객불만을 감소시키는 것'이기 때문이다.

그러나 많은 공공기관의 경영자들이 '불투명한 환경에서 미래를 향한 비전이나 목표가 무슨 소용이 있느냐'며 볼멘소리를 하곤 한다. 하지만 요즘같이 고객인 국민들의 요구사항이 날로 까다로워지고, 언제 어떤 일이 닥칠지 모르는 상황에서 '장래에 도달해야 할 목적지'가 분명하지 않다면 어떨까? 좋은 성과를 내는 것은 고사하고 조직이 어디로 가야 할지 몰라 갈팡질팡 헤매기 십상이다.

상황이 명쾌하고 뚜렷하다면 누구나 조금만 열심히 해도 계획한 결과를 가져올 수 있다. 그러나 주변을 둘러싼 환경이 불확실하고 복잡할수록 분명한 기준, 업무수행의 '목적지'가 필요한 법이다.

우리를 '업무수행의 목적지'로 안내하는 두 가지 키워드는 바로 '미션'과 '비전'이다. 한 조직의 존재목적인 '미션'과 중장기적으로 되고자 하는 모습인 '비전'이 제대로 설정되어 있느냐, 있지 않느냐 하는 것은 하늘과 땅만큼의 차이를 만들어낸다. 조직구성원들을 한 방향, 한길로 집결시키는 파워를 발휘하는 것, 바로 미션과 비전이다.

중장기적인 관점의 비전을 통해서만이 '미래에 구체적으로 어떤 모습이 되고자 하는가?'가 분명히 드러난다. '국민을 만족시키는 공공기관', '세계 최고의 공공기관'처럼 애매모호하거나 막연한 비전으로는 부족하다. 누가 들어도 한 번에 그릴 수 있는 명확한 비전만이 구성원들을 그 비전을 달성하겠다는 절절한 열망 속으로 뛰어들게 할 수 있다.

'조직구성원들이 가슴에 열망과 희망을 품고 따라올 수 있는 분명한 기준인 '비전'을 제시하는 것!' 이것이 공공기관의 최고경영자에게 주어진 가장 중요한 일임을 자각해야 한다. 명확한 비전과 사명감에 대한 공감대가 형성되어 있지 않으면 조그마한 외부환경의 변화나 흔들림에도 소스라치게 놀라고 어찌할 줄 몰라 허둥대기 십상이다. 당장 눈앞에 펼쳐진 이익에 일희일비한다면, 적게는 몇 명 많게는 수만 명을 태우고 항해해야 할 배가 과연 순항할 수 있을까? 애초에 정한 시간에 맞춰 목적지에 제대로 도착할 수 있을까? 그런 일은 아마 없을 것이다.

그러나 현실에서는 이를 간과하고 간혹 단기간의 실적에만 집착한 나머지, 중장기 목표를 뒤로 미뤄놓고 당장 눈앞에 제시할 수 있는 성과를 올리는 데만 급급한 리더들을 볼 수 있다. '지금 당장 굶을 수는 없지!' '나중에 힘들어지더라도 그건 그때 가서 생각하면 돼!' 이런 심정으로 쉽게 결정을 내려버리고 만다. 역사적 사명의식이 결여된 전형적인 모습이다.

이러한 조치들은 지금 당장은 효과를 볼지도 모른다. 그러나 결과적으로 공공기관에 반드시 필요한 성장동력을 갉아먹는다. 미래지향적 비전은 구성원들을 뜨겁게 꿈꾸게 하는 힘이다. 이러한 관점 없이 단기간의 실적에만 목을 매는 것은 구성원의 사기를 저하시킬 뿐이다. 이런 마인드로는 절대로 구성원들의 창의적 발상과 도전정신을 이끌어낼 수 없다.

지금 당장 닥친 일들이야 어떻게 하든 헤쳐 나갈 수 있다. 그러나 언제까지 그렇게 할 수 있을 것 같은가? 앞으로 끊임없이 닥칠 험난한 상황들을 지혜롭게 극복하려면 미래에 대한 확실한 희망, 그리고 그 희망의 길을 비춰줄 등대가 있어야 한다. 그것이 비전이다. 비전을 통해 우리의 존재목적은 의미를 갖는다. 따라서 비전의 중요성은 아무리 말해도 지나치지 않다.

만약 나 자신을 이끌어 갈, 우리 조직을 이끌어 갈 비전이 없다면 지금부터라도 그려보도록 제안한다. 당신의 일이, 당신의 조직이 눈부신 변화를 경험하게 될 것이다.

그렇다면 비전은 어떻게 그리는 것이 좋을까? 비전을 그리는 데 가장 중점을 두어야 할 것은 무엇일까?

먼저 중장기적인 관점에서 미래의 모습을 그릴 때에는 적어도 현재로부터 10년 이상을 내다보아야 한다. 그때 이루고 싶은 이미지를 먼저 그려보고, 그것을 달성하기 위해 역순으로 5년, 3년, 1년 후에 이루어야 할 미래의 모습을 가시화하는 과정이 필요하다. 마치 집을 지을 때 큰 구조를 먼저 세우고 나서 방과 부엌, 거실 등의 모습을 그리는 것과 비슷한 이치다.

기관장 등 최고경영자의 적극적인 참여와 몰입도 중요한 요소다. 아니, 현실적 조건을 고려하면 가장 중요한 요소라 해도 과언이 아닐 것이다. 비전을 수립하는 주체는 국장 또는 과장 등의 중간 리더급이 아니라 기관장, 최고경영자 등 최고 리더이기 때문이다. 그 점을 명심해야 한다.

공공기관은 기관장이 자주 바뀌기 때문에 기관장 개인의 생각이나 의지보다도 기관 고유의 미션에 근거해 비전을 설정해야 한다. 분명한 오너가 있는 일반기업은 나아가고자 하는 방향이 보다 명확하다. 하지만 오너가 없는 공공기관은 '미션'이 오너의 역할을 한다. 그러므로 미션에 충실한 경영을 해야 한다. 미션이란 '우리 기관이 국가에 무엇을 기여해야 하는가'를 말한다. 우리 기관의 기여가치가 차별화되지 않는다면, 구성원들을 한 방향으로 이끌고 가기가 쉽지 않을 것이니 신중히 그리도록 하자.

최고 리더인 기관장이 이를 분명히 인식했다면 그다음에는 어떤 방법으로 참여할지, 어떤 비전이 구성원들의 몰입을 이끌어낼 수 있을지 담당 스태프들과 함께 토론하고, 고민을 나누는 과정이 필요하다.

이는 최고경영자에게도 좋은 기회다. 자신이 추구하는 철학을 조직에 심고, 바람직한 혁신을 통해 조직의 모습을 이상적으로 바꿀 수 있는 절호의 기회이기 때문이다. 마음속에 품고만 있었던 변화의 욕구를 구성원들에게 명쾌하게 제시함으로써, 리더는 다함께 비전을 달성할 힘을 모을 수 있다.

사례를 통해 이야기를 좀 더 풀어보도록 하자.

A와 B, 두 공공기관이 있다. A 공공기관의 경우, 당해 연도 수익이 10억 원이고 경영평가도 '우수 등급'을 받았다. 그러나 경영혁신이나 미래성과에 별다른 투자를 하지 않는 현재의 추세대로라면 5년 후에는 20억 원의 순손실이 예상된다. B 공공기관은 당해 1억 원의 손실을 기록했다. 그러나 능동적으로 해외시장을 개척하고, 대 국민 공공서비스를 개선하기 위한 대책을 수립하며, 구성원들의 역량을 향상시키기 위한 학습 등에 초점을 맞춘 '성장 관점'의 지속적인 투자를 하고 있다. 그 결과 5년 후부터 20억 원의 순이익을 기록하는 경영성과를 올릴 것으로 예측된다.

자, 과연 어느 쪽이 바람직한 공공기관의 모습일까? 당연히 답은 'B 공공기관'일 것이다. A 기관은 스스로 위기를 극복할 수 있는 역량을 키우거나, 꾸준한 체질개선을 하지 않는 이상 얼마 안 가서 맥 없이 주저앉고 말 것이다.

지금 당장 눈에 보이는 실적이 좋지 않더라도, 미래지향적인 비전을 추구하다 보면 결국 좋아질 수 있다는 희망을 가져야 한다. 중장기적인 관점에서 재무(가치)성과에 영향을 미치는 내부 프로세스, 구성원의 역량강화, 고객발굴에 지속적인 혁신과 투자를 감행하는 용기가 필요하다.

전국 최고의 도시라 자부하던 경기도의 S시가 모라토리엄을 선언한 사건을 기억하는가? S시는 여론의 뭇매를 맞으며 공직사회는 물론 나라 전체에 큰 충격을 안겼다. 왜 이런 초유의 사태가 발생한 것일까? 공공기관으로서의 미션과 비전을 고려하기보다는 당장의 가시적인 성과를 중요시했기 때문은 아닐까.

그러나 오해는 하지 마시길. 공공기관의 최고경영자는 장단기적인 성과에 대해 균형심을 잃지 말아야 한다. 눈앞의 성과에만 집착하는 것을 경계하라는 말이, 단기성과를 추구하지 말아야 한다는 뜻은 아님을 유념하기 바란다. 성과관리를 조직에 정착시키기 위해서는 CEO를 포함한 최고경영층이 '개미'의 성실한 치열함과 '독수리'의 시야를 동시에 갖고 있어야 한다. 실행은 과감히 구성원에게 위임하되, 기존의 성과지표 중 상태가 좋지 않은 항목은 조직 전체가 집중 관리할 수 있도록 솔선수범하는 개미의 끈질김을 보여야 한다. 동시에 미래의 가치지향적인 성과에 결정적 영향을 미치는 요인에 집중적으로 투자해야 한다. 이 역할을 다른 사람에게 미루어두어서는 안 된다. 자신이 직접 BSC 대시보드를 설계하고, 미래지향적인 성과지표를 정립해나가는 데 앞장서야 한다. 이러한 역할을 제대로 했을 때, 독수리처럼 높은 곳에서 미래를 조망하며 기관의 비전에 대한 큰 그림을 그리는 일 또한 가능해진다.

특히 전략조직을 담당하는 최고경영자들은 당해 연도의 사업에 대해서는 실행조직인 팀장과 과장, 그리고 구성원들에게 성과목표와 전략을 제시함으로써 권한을 위임하고, 자신들은 2~3년 후의 성장동력을 발굴하는 데 집중해야 할 것이다.

전쟁터에서 칼과 방패를 들고 전투하는 사람은 고객 접점의 위치에 있는 일선 팀장과 구성원들이다. 전장에서 병사들이 전투에 서툴다고 장군이 직접 칼을 빼어들면, 병사들이 제대로 전투를 할 수 있겠는가? 장군은 병사들을 독려해 사기를 높여주고, 훗날을 내다보며 전략을 짜야 한다.

조직도 마찬가지다. 최고경영자가 필드로 직접 뛰어든다고 성과가 개선되는 것은 아니다. 리더는 업무를 수행하는 도중에 필요한 자원을 지원해주고, 애로사항을 파악해 해결해주고 코칭하는 데 주력해야 한다. 그리고 미래에 가치를 창출하는 데 중요한 영향을 미치는 선행 전략요소들에 대해 꾸준히 관심을 기울이고 투자해야 한다. 그

것이 치열한 환경 속에서 살아남을 수 있는 조직경쟁력을 확보하는 지름길이다. 조직의 최고경영자가 연간 사업목표와 전략을 어떻게 가져가야 할 것인지를 고민하는 본연의 임무를 절대로 잊지 않아야, '비전 및 중장기 성과창출'이라는 전쟁에서 승리의 깃발을 휘날릴 수 있다.

성과관리는
업무위임이 중요하다?

성과관리에 대한 오해와 진실 8

"
성과관리는 업무위임이
중요하다?
"

VS

"
성과관리는 리더와 구성원이
성과목표와 전략을 사전에 합의한 후
'전략실행 권한'을 위임하는
것이 중요하다.
"

자, 이제 한숨 고를 때가 왔다. 우리는 그동안 공공기관의 성과관리에 대한 오해와 진실을 구분하기 위해 여러 측면에서 성과관리를 살펴보았다. 마지막 주제는 '권한위임'에 관한 것이다.

많은 공공기관들이 수직적이고 중앙통제적인 조직관리 방식에서 벗어나 수평적인 팀제로의 변화를 모색하고 있다. 또한 성과창출의 핵심계층이 최고경영층에서 점차 중간관리자급의 리더, 국민 접점의 실무구성원들로 바뀌는 추세다. 이러한 변화에서는 권한위임이 가능한 '자기완결형 조직구조'를 누가, 얼마나 빨리 적용시키는지가 경쟁력의 키포인트가 될 수밖에 없다.

이러한 상황에서 권한위임은 더욱 중요한 역할을 한다. 실행전략과 방법에 대해 확실하게 권한을 위임해야만 리더의 눈치를 보거나 통제를 받지 않고 성과목표를 달성할 수 있을 것이다. 그래야 진정한 자율책임경영체계를 구현했다고 말할 수 있다. 만약 리더가 일일이 업무를 지시하고, 통제하고, 검사한다면, 구성원은 당연히 수동적으로 업무를 처리하게 되고, 생산성도 향상되기 어렵다.

그렇다면 이쯤에서 '위임'의 의미에 대해 다시 생각해보자. 위임이란 과연 무엇인가?

우리는 일반적으로 '믿고 맡기는 것'을 위임이라고 말한다. 무언가를 위임할 때 일반적으로 '위임받는 사람이 믿고 맡길 만한가?' '위임해도 잘 처리할 만한 일인가?'를 주로 고민한다. 그러나 위임의 대상은 업무나 사람이 아니다. 정작 중요한 것은 '위임해야 할 대상이 무엇인가'다. 성과목표를 제대로 달성하기 위해서는 '실행전략과 방법'과 '실행행위' 그 자체를 위임해야 한다.

그러나 현재 많은 공공기관에서 실행하는 권한위임에는 몇 가지 오해가 있다.

하나는 앞서 지적한 대로 실행이 아닌 '일'을 기계적으로 위임하는 것이고, 다른 하나는 권한위임을 한다면서 전략수립까지 구성원에게 맡겨두는 것이다. 단순히 업무를 배분해주고 실행은 알아서 하라는 식의 권한위임은 본래 취지에서 많이 벗어난 '업무방임주의'일 뿐이다.

이 모든 문제는 권한위임이 이루어지기 위한 대전제를 놓쳤을 때 발생한다. 그것은 다름 아닌 '성과목표와 전략에 대한 공감'이다.

권한이 위임되었다는 것이 목표도 본인 마음대로 설정하고 실행전략도 알아서 내키는 대로 하라는 것은 결코 아니다. 성과목표와 전략은 사전에 해당조직의 리더와 반드시 합의를 거쳐야 한다. 성과목표와 전략이 기저에서 확고하게 매개체가 되었을 때 비로소 리더와 구성원 사이에 권한위임이 가능하다.

따라서 리더는 자신의 '원츠'를 '성과목표'로 전환시켜 구성원에게 제시하고, 일을 수행하는 구성원들은 성과목표를 명확히 이해하고 최대한 경제적으로 달성해야 한다. 그 과정에서 중간 리더는 일을 시작하기 전에 상위조직의 리더와 달성해야 할 업무목표와 핵심과제에 대해 합의하고, 창의적인 실행 아이디어를 동원해 스스로 실행할 수 있는 권한을 인정받아야 한다. 이런 노력 없이 업무수행의 자율성을 보장받기는 어렵다.

리더가 구성원에게 분명한 성과목표를 제시하고, 성과목표와 이를 달성하기 위한 실행전략을 구성원과 사전에 합의하는 것, 그런 다음 구성원들이 실행전략과 방법을 스스로 수립하게 하고 자율적으로 실행할 수 있도록 필요한 자원을 지원하는 것, 이것이 성과주의에서 말하는 '권한위임'임을 잊지 말자.

이렇게 본다면, 권한위임이 최고경영층의 '의지'에 좌우되는 것은 아니라는 점을 알 수 있다. 오히려 스스로 권한위임을 이끌어내기 위한 중간 리더와 구성원의 '역량'이 더욱 중요하다. 따라서 우리는 '과연 리더로부터 권한을 위임받을 만한 실력과 역량이 내게 있는가'를 냉철히 따져봐야 한다.

그중에서도 중간 리더들은 '조직의 허리'로서 다음과 같은 3가지 측면의 전략적 역할을 수행해야 한다.

첫째, 성과목표를 설정하는 단계에서는 '타기터(targeter)'로서의 역할에 충실해야 한다. 마치 저격수가 자신의 총을 조립하고 분해하는 데 능수능란한 것처럼, 조직 전체의 성과목표를 구성하고 있는 세부 구성요소들을 인수분해하는 데 능해야 한다. 그래야 상위 리더로부터 신뢰를 얻고, 실행의 당위성과 관련된 공감대를 형성할 수 있다.

둘째, 성과목표를 실행하는 단계에서는 현장 '코치'로서의 역할에 힘을 쏟아야 한다. 최고경영자 또는 상위 리더들도 단계별로 성과코칭 리더십을 발휘하는 것이 중요하지만, 팀장이나 과장과 같은 중간 리더들이 국민 접점에서 근무하는 일선구성원들을 돕는 코치로 활약해야 한다. 수많은 변수가 발생하는 현장의 업무수행을 지원하고 고객의 목소리에 귀 기울임으로써, 구성원들의 실질적인 성과를 높이고 그들을 키우겠다는 청출어람(靑出於藍)의 마인드가 있어야 한다. 그럴 때 구성원은 물론 리더 본인의 성과도 올라갈 수 있다.

셋째, 평가 및 피드백을 할 때는 냉철한 '분석가'로서의 역할을 해야 한다. 구성원들의 성과달성 과정을 분석해서 성과달성에 무엇이 결정적인 영향을 미쳤는지 파악하라. 단, 이때 객관적인 사실과 그러한 사실에 대한 주관적인 가치판단을 명확하게 구분하자. 이를 토대

도표 리더와 구성원의 역할 혁신

	성과목표 설정	성과목표 실행	평가 및 피드백
상위리더 (국장)	비전 제시 성과목표 부여	창조적 동기부여자	피드백 /평가자
중간리더 (팀·과장)	실행타깃 제시 타기터	역량/전략 코치	역량/전략 분석가
구성원	마케터	주체적 실행자	학습자

로 상위조직의 리더가 미래지향적이고 명확한 의사결정을 할 수 있도록 토대를 제공하는 것이 중간 리더의 역할이다.

이러한 역량을 갖추지 못한 채 용기와 의욕만을 앞세워 '무조건 맡겨달라'고 하는 것은 오히려 만용일 가능성이 높다.

만약 당신이 중간 리더라면, 먼저 자신에 대해 냉혹히 평가해보라. 내면을 성찰하고, 갖고 있는 실력과 역량을 정확하게 분석하라. '이 과제를 수행할 역량이 내게 있는가?' 이를 진지하게 판단하고 의사결정의 기준으로 삼아라. 확신이 없는데도 리더의 지시에 못 이겨 덜컥 업무를 위임받거나, 진지한 고민 없이 무조건 하겠다고 저지르고 나서야 '내가 과연 이 일을 할 수 있을까' 하는 불안과 걱정에 벙어리 냉가슴만 앓는 이들이 의외로 많다.

'적을 알고 나를 알면 언제든 위태롭지 않다(知彼知己 百戰不殆)'고 했다. 나 자신에 대한 엄격한 분석과 통찰을 통해, 근본적으로 리더의 신뢰를 얻어냄이 권한위임에 앞서야 함을 잊지 말자.

당신의 일은
'성과관리'에
초점이 맞춰져
있는가?

지난 20여 년간, 우리나라 기업들은 '선진국과의 격차를 줄여보자'
며 그들의 경영기법을 도입하는 데 모든 힘을 쏟았다. 그 가운데 가
장 대표적인 것 하나가 바로 '성과주의'일 것이다. 그러나 아이러니
하게도, 기업들은 선진 경영기법으로 어떻게 성과를 높여나갈지에 대
한 고민은 덮어둔 채, 무조건 '따라 하다 보면 우리도 선진기업처럼
되겠지' 하는 맹신에만 사로잡혀 있었다. 그 결과 수많은 비용과 노
력을 들여 성과관리 시스템을 만들어놓고도, 정작 제대로 된 성과는
내지 못한 채 시행착오를 거듭하고 있다.
　이것이 과연 기업만의 문제일까? 그렇지 않다. 기업보다 성과주의
를 늦게 도입한 공공기관에서 겪는 폐해는 일반기업의 그것을 능가
한다.
　조직에 몸담고 있는 사람이라면 누구나, 일을 했으면 성과를 내야
한다. 이는 조직구성원의 당연한 의무다. 공공기관의 선진화를 부르

짖는 이때, '성과관리'는 그 어느 때보다도 필요한 메커니즘이라 할 것이다. 그러나 이러한 당위성이 무색하게, 공공기관의 수많은 구성원들은 '성과'라는 말만 들어도 머리가 아프다고 할 만큼 성과주의를 힘들어하고 있다.

그 이유는 무엇인가? 무엇보다 '성과관리를 왜 해야 하는가?'에 대한 진지한 성찰 자체가 없었을뿐더러, 성과관리의 근본 철학과 당위성을 고민하는 기회 또한 부족했기 때문이다. 이렇게 '묻지 마' 식으로 밀어붙인 성과관리가 조직구성원들의 공감을 이끌어내지 못한 것은 당연하지 않을까. 머리와 가슴이 제대로 이해하지 못한 채, 손과 발만 움직인 사람들에게 '왜 성과관리를 해야 하는가?'에 대한 논리적 답변을 기대하는 것은 무리다.

1부에서 우리는 성과관리가 일반기업뿐 아니라 공공행정 업무를 수행하는 공공기관에도 필요하고, 오히려 더 효과적일 수 있다는 사실에 대해 알아보았다. 그렇다면 공공기관에 성과관리를 성공적으로 정착시키기 위해서는 어떻게 해야 할까? 여러 가지 방법이 있겠지만, 우선 먼저 성과관리를 실행하고 있는 일반기업의 성공사례와 실패사례를 알아보고, 그 안에서 우리가 받아들여야 할 올바른 방법을 찾아내 적용하는 것이 시행착오를 줄이는 지름길일 것이다.

1 | 기업의 실패를 되풀이하지 마라

:: 성과관리, 기업은 무엇을 실패하고 있는가

공공기관의 성과관리 방안을 고민하는 한 가지 방법으로, 우리보다 먼저 성과주의를 도입한 일반기업의 사례에서 무엇을 배울 수 있는지 살펴보는 것도 의미 있을 듯하다.

일반기업에서는 성과관리가 성공적으로 정착되어 있는가? 그들이 했던 방식은 공공기관의 성과관리에 좋은 롤모델이 되고 있는가?

결론부터 말하자면, 결코 그렇지 않다. 일반기업의 구성원들도 성과주의의 본질에 대해 깊이 고민하지 못한 채, '혁신을 위한 혁신'에 급급한 것이 안타까운 현실이다. 앞에서 살펴본 오해와 다르지 않게, 대부분의 일반기업에서도 성과관리를 실적관리와 실적에 대한 차등보상의 도구로 활용하고 있을 뿐이다.

대다수 기업들은 성과관리를 위해 조직관리의 측면에서 사업부제나 팀제를 도입해 의사결정의 신속성과 사업수행의 타당성을 도모했다. 또한 경영관리의 측면에서 균형성과표(BSC)나 목표관리(MBO) 기법을 도입해 대부분의 업무를 핵심성과지표(KPI)를 활용해 지표화하고 계량화했다. 구성원들의 성과창출 의지를 독려하기 위해 연봉제나 성과급제, 인센티브 제도를 도입한 곳도 많다.

그러나 성과관리를 위한 이러한 일련의 프로그램 대부분이 제대로 운영되지 못하고 있는 실정이다. 도대체 왜 그런 것일까? 그 원인을 어디에서 찾아야 할까?

명확한 미션과 비전의 부재, 통제중심의 헤드십(headship), 구성원들의 실행역량 부족, 성과관리제도 운영부실 등 여러 가지 원인을 찾을 수 있겠지만, 가장 근본적인 원인은 권한위임이 제대로 실행되지 않았기 때문이다.

수많은 기업들이 성과목표에 의한 자율책임경영을 표방하고 이에 맞추어 성과관리를 하고 있지만, 현재까지의 상황을 볼 때 성공이라 말하기는 어렵다. 오히려 현재 기업의 성과관리 모습은 한마디로 '목표 따로, 실행 따로, 평가 따로'라는 비판에서 자유롭지 못하다.

그렇다면 기업들은 구체적으로 어떤 점에서 성과관리에 실패하고 있는가? 크게 나눠 3가지 모습을 살펴볼 수 있다.

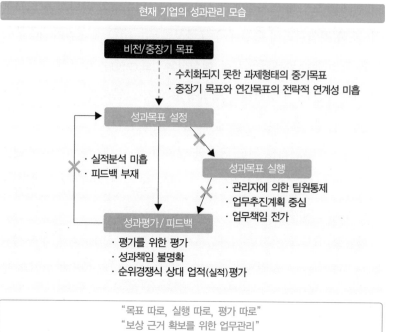

도표 현재 기업의 성과관리 모습 vs '성과목표에 의한 자율책임경영'의 바람직한 모습

첫째, 성과목표가 계량화, 형상화되지 못했을뿐더러, 중장기 목표와 연간 성과목표 사이, 상위조직 목표와 하위조직 또는 실무자 목표 사이의 전략적 연계성이 부족하다.

성과목표를 구체적으로 형상화하고 수치화하는 것은 리더인 임원 또는 팀장의 역할인데, 이것이 제대로 이루어지지 않고 있다. 위에서 부터 아래로 내려오는 톱다운 방식이든, 밑에서부터 구체화시켜 올라가는 바텀 업 방식이든, 방식은 차후의 문제다. 기업 전체나 팀, 개

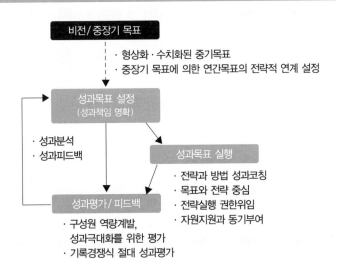

'성과목표에 의한 자율책임경영'의 바람직한 모습

비전/중장기 목표

· 형상화 · 수치화된 중기목표
· 중장기 목표에 의한 연간목표의 전략적 연계 설정

성과목표 설정
(성과책임 명확)

· 성과분석
· 성과피드백

성과목표 실행

· 전략과 방법 성과코칭
· 목표와 전략 중심
· 전략실행 권한위임
· 자원지원과 동기부여

성과평가/피드백

· 구성원 역량계발,
　성과극대화를 위한 평가
· 기록경쟁식 절대 성과평가

"성과목표에 의한 자율책임경영"
"구성원 역량계발"

인이 달성해야 하는 성과목표는 분명하고 구체적일수록 실현 가능성
이 높음을 명심하고, 이 과업을 수행하는 데 매진하는 것이 중요하다.

　'우선 목표는 대충 세워놓고, 하다가 나중에 구체화하면 되겠지'
하는 생각은 금물이다. 도착지가 불분명한 배가 제대로 항해를 할 수
있겠는가? 대충 세운 목표를 보고 일을 수행하면 목적지 없이 제자
리를 찾지 못하는 일만 쌓여갈 뿐이다. 한마디로 몸은 바쁜데, 얻은
것은 별반 없는 꼴이다.

둘째, 성과목표를 설정하고 이를 실행하는 과정이 유기적으로 연결되어 있지 않은 경우가 많다. 이에 대한 평가 또한 별도로 이루어지는 일이 다반사다. 모든 단계가 분리되어 '목표 따로, 실행 따로, 평가 따로'인 모습이다. 연간 성과목표를 세워놓고는, 실제로 일을 할 때는 이를 무시하고 그저 월 단위로 반복되는 일상적인 업무수행의 쳇바퀴 돌리기에 빠지고 마는 것이다. 그렇게 한두 달만 지나고 나면 연초에 수립한 성과목표는 온데간데없이 사라져버리고 만다.

셋째, 평가가 서열을 매기기 위한 순위경쟁식 상대평가로 변질되는 경우가 많다. 피드백 역시 실적 점검의 수단으로 전락해버리는 경우가 비일비재하다.

하위조직 또는 구성원이 성과목표를 달성했는지, 그리고 그 목표를 달성하기 위해 어떠한 전략을 수립하고 실행했는지에 대한 평가를 내려 정당한 보상을 해주어야 한다. 또한 충분한 피드백을 해 하위조직 및 구성원이 성장하고 발전할 수 있도록 이끌어야 한다. 그러나 이는 고려하지 않고 단순히 눈앞에 나타난 결과에 대해서만 상대평가하고 보상하는 결과주의, 단기 실적주의가 만연해 있다.

제대로 된 성과관리를 위해서는 고객 접점에 위치한 구성원들의 역량이 가장 중요하다. 하지만 대부분의 기업들은 성과관리를 도입한 취지가 '구성원의 성과와 역량 향상'에 있음을 망각하고, 애초에 수립했던 목표를 달성했는지 여부에 따라 구성원을 줄 세우는 순위경쟁에만 집중한다.

　구성원의 역량을 높이기 위해서는 줄을 세우는 '순위경쟁' 방식이 아니라, 구성원의 절대적인 기록향상을 측정하는 '기록경쟁' 방식이 필요하다. 절대평가 방식의 기록경쟁 시스템이 정착될 때 '성과목표에 의한 자율책임경영'이 가능하다.

: : 성과관리, 그들은 왜 실패하고 있는가

　그렇다면 기업들은 왜 성과관리에 실패하고 있는 것일까? 이 또한 크게 3가지로 나누어볼 수 있다.

　첫째, 임원, 팀장, 구성원이 각자 수행해야 할 임무와 역할에 대해 분명히 인식하지 못하고 있기 때문이다.

　임원은 기업의 비전을 달성하기 위해 중장기 목표를 구체적인 수치와 그림으로 디자인해야 한다. 또한 CEO를 보좌해 전사적인 성과 극대화에 구성원들이 집중할 수 있도록 부서 간 시너지 창출에 매진해야 한다. 한마디로 임원은 기업의 중장기 성과를 창출하기 위한 전략과제실행을 책임지는 사람이기 때문에 연간 단위나 반기 단위의 단기실적에 자신의 임무와 역할의 비중을 두기보다는 미래지향적인 가치창출에 역량을 집중해야 한다.

아울러 형상화된 중장기 목표를 단순히 부서별 'n분의 1'의 형태로 디바이딩하지 말고, 전략을 바탕으로 부서별로 성과목표를 인수분해하여 배분해야 한다. 특히 연간 성과목표 달성전략을 수립할 때에는 고객의 니즈와 원츠가 사업부 및 전사 단위의 전략에 반영될 수 있도록 고객 접점의 리더인 팀장들과 함께 직접 챙겨야 한다.

그렇다면 팀장은 어떤 역할을 수행해야 하는가? 팀장은 연간 성과목표를 책임지는 리더다. 그러므로 목표를 수행하기 전에 자신이 달성해야 하는 연간 성과목표와 그에 따른 세부전략, 필요한 예산, 인력 등을 임원과 구체적으로 계량화하여 합의해야 한다.

이처럼 임원은 임원대로, 팀장은 팀장대로 각자 임무와 역할이 있다. 그에 따라 자신이 책임져야 할 성과목표를 구체적으로 형상화하고, 이를 달성하기 위한 전략을 수립하는 역량이 요구되는 것이다. 특히 리더의 역할을 수행하는 임원과 팀장의 역량이 중요함은 두말하면 잔소리다. 그러나 현실에서는 이러한 역량이 다소 부족하여 '성과목표에 의한 자율책임경영'을 실현하는 데 장애가 되고 있다.

둘째, 성과목표를 달성하는 과정에서 리더가 구성원을 일일이 통제하기 때문이다. 리더와 구성원 간에 성과목표와 달성전략을 합의한 후에는, 실행에 대한 자율성을 구성원에게 부여해야 한다. 그러나 현실에서는 리더가 팀원들의 업무추진계획을 점검하는 과정에서 실행방법에 관한 의사결정을 일일이 통제하는 경우가 많다.

셋째, 현장의 실행조직이 중심이 되는 분권형 조직관리가 아니라 본사나 관리부서, 상위조직을 중심으로 하는 중앙집권형 조직관리가 여전히 만연해 있다.

현재 기업이 운영하고 있는 중앙집권적 조직운영방식은 최고경영층이나 중간경영층이 모든 의사결정 권한을 가지고 중앙에서 전체를 통제하는 성격이 강하다. 그러므로 현장 접점의 실무자들이 고객의 요구사항과 불편사항에 즉각 대응할 수 없고, 조직 내에서 쌍방향 커뮤니케이션이 자유롭게 이루어지기 어려운 실정이다. 특히 이러한 조직운영 방식에서 실무자들은 실행방법에 대한 의사결정 권한은 없고 결과에 대한 책임만 주어지기 때문에, 자신의 성과목표를 달성하기 위한 몰입이나 자발적인 역량발휘를 기대하기 어렵다.

이러한 폐단은 비단 일반기업만의 문제가 아니다. 일반기업의 성과관리를 무비판적으로 답습한다면, 공공기관 역시 이러한 오류를 피해갈 수 없다. 그러므로 기업의 오류를 타산지석(他山之石) 삼아, 공공기관의 성과관리를 성공적으로 실행하기 위한 핵심성공요인을 추출할 필요가 있다.

2 | 국민이 변하고 있다, 공무원 당신도 변해야 한다

일반기업에서는 외부의 '경쟁자'가 있기 때문에 성과관리의 필요성을 스스로 절감할 수밖에 없다. 그러나 언뜻 생각하기에 공공기관은 경쟁이 일반기업만큼 치열하지 않아 보인다. 우선 존재목적이 이윤추구라기보다는 대 국민 서비스에 있고, 또한 그 서비스가 독과점적인 면이 있기 때문이다. 그렇다면 이런 의문이 자연스럽게 떠오른다.

'공공기관에서 성과관리를 굳이 왜 해야 하는가?'

:: 높아진 고객의 눈높이, 당신은 부응하고 있는가?

그 답은 서비스를 받는 주체, 즉 국민에게서 찾아야 한다.

공공부문에 성과관리가 도입된 배경을 한마디로 요약하면 '고객 중심의 행정환경'이다. 다시 말해 우리의 행정환경이 '공급자 중심의 행정환경'에서 국민, 이해관계자 등 '고객'을 중심으로 변화되었기 때문이다.

과거 공급자 중심의 행정환경에서는 고위간부가 예산집행 권한은 물론 전략실행 및 방법을 선택할 권한을 쥐고 있었다. 이러한 중앙집권적 조직운영과 중간 리더에 의한 지시와 통제, 감시는 조직 내 의사결정의 속도를 늦추고, 관리비용을 증가시킨다. 더욱 결정적인 문제는, 공급자가 중심에 선 공공행정 서비스는 고객인 국민을 만족시키기에 턱없이 부족한 수준이라는 것이다.

국민소득이 향상되어 국민의 의식수준이 높아지고, 인터넷으로 대표되는 정보통신 기술이 발달하고, 글로벌 사회의 영향으로 국민들의 비교 기준이 선진국 수준으로 이동함에 따라 예전의 일방적인 중앙집권적 조직운영은 설 자리를 잃었다.

일반기업이든 공공기관이든 사정은 마찬가지다. 점점 까다로워지는 고객의 니즈와 원츠를 충족시켜 성과를 달성하기 위해서는 고객을 직접 대면하는 현장의 중요성이 커질 수밖에 없다. 이에 따라 중앙집권적 운영을 탈피해 지방분권적인 조직운영이 필요한 시대가 도래했다. 수요자 중심의 행정환경이 대두한 것이다. 이제 국민의 니즈와 원츠를 신속히 반영하여 의사결정하지 않는 행정서비스는 외면받을 수밖에 없게 되었다.

도표 공공서비스 환경변화와 성과관리 등장 배경

공급자(기업/공공기관)
중심의 공공행정 환경

소비자(고객/국민)
중심의 공공행정 환경

• 고위간부(국장급 이상)가 예산집행과
  전략실행방법을 결정

"중앙통제적 중간관리자
중심 조직"

• 고객(국민) 중심의 신속한 의사결정
• 고객(국민)의 니즈와 원츠가
  반영된 공공행정 서비스

"성과관리
(성과목표에 의한 자율책임경영)"

이렇게 공공환경이 변화함에 따라 정부 및 공공기관의 조직운영 중
심축이 고객 접점으로 이동하기 시작했다. 그리고 성과목표에 대한
기준과 전략과 방법을 사전에 합의해 실행하는 '성과목표에 의한 자
율책임경영'이 전면에 등장하게 되었다.

고객으로서 국민들은 이제 한 차원 높은 수준의 행정서비스를 요
구한다. 일일이 고위간부에게 보고하고 지시받으며 일하는 프로세스
로는 고객을 만족시킬 수 없다. 고객 접점의 구성원 스스로가 사전에
기준을 수립하고, 이에 근거하여 성과를 달성하는 시스템을 구축해
야 한다.

실제로 변화된 경영환경에서 탁월한 성과를 달성하고 조직의 비전
을 실현하는 기업들은 리더가 구성원 관리에 들이는 시간이나 노력

이 많지 않다고 한다. 리더가 일일이 구성원들을 관리하는 것이 아니라, 구성원 개개인이 자신의 성과를 스스로 경영하기 때문이다.

기업의 경쟁력은 다른 데 있는 것이 아니다. 고객 접점에서 고객의 니즈와 원츠를 파악하고, 이를 시행할 적절한 타이밍을 포착하며, 변하는 고객의 요구에 대응하는 적합한 조건, 즉 '전략적 대안'을 얼마나 효과적으로 구체화하고 실행할 수 있는지에 따라 좌우된다. 기업과 똑같은 변화에 직면한 공공기관의 경쟁력 또한 이에 따라 좌우될 것이다. 그리고 그 조건을 가장 '정확하게', 가장 '적절한 시간에' 가장 '제대로' 실행할 수 있는 사람은 조직의 상위에 있는 경영자가 아닌, 고객인 국민의 접점에 있는 공무원이다.

국민에게 더 풍부하고 새로운 가치를 제공하기 위해서는 고객 접점 중심의 조직운영이 필요하다. 현장에서 자신의 목표가 무엇인지를 깊이 인식하고 자율적으로 생동감 있게 움직이는 '성과목표에 의한 자율책임경영'이 실현되어야 한다. 또한 가치를 제공하는 주체인 공무원이 스스로 자기 성과를 경영하고, 이러한 성과관리가 가능하도록 자신의 역량을 지속적으로 갈고닦아야 할 것이다.

이러한 조건이 모두 충족되었을 때, 공공기관도 탁월한 성과를 지속적이고 반복적으로 달성할 수 있을 것이며, 고유의 가치 역시 창조해낼 수 있다.

:: 공공기관도 열외 없다, 효율성을 높여라

일반기업들은 경영활동의 결과가 좋은지 안 좋은지, 최종적인 재무성과지표로 한눈에 상황을 파악할 수 있다. 반면 공공부문은 어떠한가? 일반기업에 비해 업무수행의 산출물이나 결과가 불분명하거나 다차원적인 경우가 많아 한눈에 파악하기가 쉽지 않다. 그래서 공공기관은 전통적으로 내부 산출물(output)이나 수요자 관점의 결과물(outcome)과 같은 성과보다는, 자신들이 얼마나 노력하고 투자했는지(input)를 중심으로 업무를 관리해왔다.

이와 같은 경향은 필연적으로 절차와 규칙을 중시하는 업무행태를 낳는다. 절차와 규칙이 때로는 성과보다 오히려 중요시되는 상황도 생겨난다. 일이 제때 제대로 되는 것보다 상부의 '결재'를 무사히 받아내는 게 더 중요해지는 이상한 현상이 벌어지는 것이다.

나와 동료, 선후배들이 이런 식으로 일을 처리해오지는 않았는지 자문할 때, '아니다'라고 자신 있게 말할 수 있는 사람이 얼마나 될까. 이러한 업무관행은 주어진 과업을 가장 적은 비용으로 달성하고자 노력하겠다는 의지를 갉아먹음으로써 공공부문의 효율성을 저하시켰고, 나아가 추구하는 목적 자체에 대해서도 적극적으로 관심을 기울이지 않는 조직문화를 조성함으로써 공공부문의 효과성 또한 저하시켜왔다.

그러자 공공부문 내에서도 자성의 목소리가 높아졌다. '과연 이렇게 일해도 되는가?'

절차와 규칙만을 중시하는, 주객이 전도된 업무행태에 문제가 있다는 사실을 파악한 것이다. 성과주의의 도입은 이러한 반성 끝에 도입한 가장 중요한 실험 중 하나라 할 수 있다.

또한 효율적인 조직으로 체질개선하는 노력은 공공기관의 자생력을 높이라는 시대적 요구에 부응하는 것이기도 하다.

국민의 기대수준이 높아지면서 공공기관에 들어가는 비용도 불가피하게 높아진 반면, 정부 수입이나 예산은 아직 이러한 비용을 뒷받침할 수 있는 수준이 아니다. 이에 따라 조직을 유지할 경제적·사업적 자생력을 갖추지 못한 기관은 퇴출의 기로에 서게 될 수밖에 없게 됐다. 일반 비즈니스에 비해 상대적으로 느슨하게 적용되던 '효율성'이라는 잣대가 공무원들에게 본격 등장하게 된 배경이다.

논의를 정리하면, 공공기관에서 성과관리를 도입해야 하는 근거를 4가지로 살펴볼 수 있다. 그리고 '왜 도입해야 하는가'를 알게 되면 '어떻게 도입해서 운영할 것인가'에 대한 답도 찾을 수 있을 것이다.

첫째, 최종성과인 기대목표를 극대화하기 위해서다.

공공기관 경영의 목적이 단순히 현재 수준을 유지하는 데 그쳐서는 안 된다. 물론 하고 싶은 것은 많고, 달성하고자 하는 수준은 높은데 우리의 공공서비스 환경이 그에 부합하지 못할 정도로 열악한 것은 사실이다. 그러나 그럴수록 지속적으로 미래의 비전을 창조하고 꿈꿔야 하며, 비전달성을 위한 전략과제와 중장기 목표를 선정하여 지속적으로 투자해나가야 한다. 시간이 흘러간다고 기관이 원하는 미래 비전이 어느 날 갑자기 달성되는 것이 아니다. 꾸준하게 필요한 역량을 확보하고 시스템을 구축하며, 고객을 발굴하기 위해 투자를 게을리하지 말아야 한다. 그러기 위해 가장 중요한 것이 바로 미래의 명확한 성과목표가 달성된 모습이다.

둘째, 한정된 자원을 효율적으로 활용하기 위해서다.

업무환경이 고도화, 전문화, 세분화되면서 '고객만족'이라는 가치를 제공하기 위해 해야 할 일이 급격히 많아지고 있다. 게다가 고객인 국민의 요구수준 역시 점점 높아지고 있다. 그러나 조직의 시간적, 인적, 물적 자원은 한정되어 있기 때문에, 제한된 자원과 통제 불가능한 환경을 고려해 선택과 집중의 법칙을 적용해야 한다.

개인 차원에서도 마찬가지다. 자신의 시간, 정보, 예산 등의 능력과 역량이 부족한 것을 고려해, 원하는 성과를 달성하기 위해서는 자신의 업무 중 어디에 집중할지를 선택해야 한다. 선택을 할 때는 고객에게 영향을 미치는 파급효과가 큰 상위 20%의 과제가 무엇인지 전략적으로 판단해야 할 것이다. 그리고 '어떤 일을 할 것인가' 하는 인풋의 사고방식이 아니라 '어떤 결과를 낼 것인가' 하는 아웃풋 중심으로 사고해 전략을 수립하고, 집중해야 할 것이다. 그러기 위해서는 성과목표를 중심에 두고 전략과제를 선택하고, 전략과제의 궁극적인 목적을 달성하는 핵심전략을 수립하는 데 몰두해야 한다.

셋째, 국민 접점에서 일하는 조직의 역할이 중요해짐에 따라 권한위임이 필수불가결해졌기 때문이다.

여러 차례 강조했듯이 고객의 기대수준은 계속 높아지고 있고, 인터넷 등 정보통신 기술이 발달함에 따라 행정환경도 크게 변화했다. 예전과 같은 공급자, 생산자 중심의 행정서비스로는 더 이상 새로운 가치를 선사할 수 없으며, 고객을 만족시킬 수도 없다.

고객 접점의 역할이 중요해진 만큼, 그 일을 수행하는 조직과 구성원의 필요역량에 대해서도 새로운 정의가 내려지고 있다. 이들의 핵심 경쟁력은 현장에서 수집한 고객에 대한 다양한 정보를 가지고 있다는 것이다. 살아 펄떡이는 현장의 정보를 '성과'로 변신시키는 화학적 변화에 성공하려면, '스피드 있는 실행력'과 '고객지향적인 눈높이 실천력'이 생명이다.

이를 위해서는 고객 접점에 있는 구성원들에게 의사결정 권한을 위임하는 것이 무엇보다 절실하다. 층층시하 단계를 밟아가며 '이렇게 해도 되는지' 허락을 구할 시간이 없을뿐더러, 고객의 원츠는 상사가 아닌 현장에서 가장 잘 알기 때문이다. 따라서 이제는 고위간부나 과장, 팀장을 통한 중앙집권적 조직운영이나 기계적인 실행력을 강조하기보다는, 고객 접점의 구성원들이 주체가 된 지방분권식 자율책임 조직운영과 전략적 실행력이 성과창출의 관건이 되었다.

넷째, 성과에 대한 이해관계가 다양하고 복잡해졌기 때문이다.
예전에는 공공기관이 성과를 창출하는 주요 요인이 조직 내부에 있었으나, 지식정보화 사회, 글로벌 사회로 옮겨가면서 이해관계자 집단이 조직 외부인 지역사회, 시민단체, 국제협력기관 등으로 확산되었다. 일례로 최근 신임장관을 내정할 때 "장관의 업무라는 게 국내용, 국제용이 따로 있는 게 아니더라."라고 한 대통령의 발언을 들어보면, 공공부문에서도 성과와 관련된 이해관계자의 폭이 국내뿐 아니라 국제적으로 확대된 것을 알 수 있다. 이처럼 업무의 외연이 확장되었는데도 예전의 내부관계자 중심으로 업무를 처리할 수는 없지 않겠는가.

이러한 시대적 요구에 부응하기 위해 제시된 것이 바로 공공기관의 성과관리다. 우리 정부는 운영의 효율성을 제고하기 위한 노력의 일환으로 1990년대부터 성과관리를 활발히 도입하기 시작했다. 공공부문에서도 정부혁신의 주요목표를 고객가치창출, 생산성 증대와 경쟁력 강화에 두고, '성과중심의 자율책임경영'을 기본전략으로 채택해 운영하고 있다.

지금까지 수많은 조직이 성과관리를 도입하고자 하는 이유에 대해 알아보았다. 그렇다면 성과관리는 과연 '조직'에만 당위성을 갖는 것일까? 결코 그렇지 않다.

'성과관리'를 조직 차원의 문제라고만 생각하면 곤란하다. 한정된 자원의 효율적 분배와 선택, 집중을 통해 조직 차원의 비전과 단기 및 중장기 성과를 창출하는 것만이 성과관리의 목적은 아니다. 조직을 구성하는 개인의 문제이기도 한 것이다.

그러나 성과와 혁신 바람이 공무원 사회를 거세게 몰아붙이는 이 순간에도, 여전히 성과와 혁신에 소극적인 공무원들이 많다. '혁신을 위한 혁신이다', '도대체 뭘 하자는 건지 모르겠다', '너무 많은 것을 한꺼번에 해결하려 든다', '몸에 와 닿는 혁신이 이루어지지 않고 있다' 등 나름의 논리를 내세우며 엉덩이 쑥 뺀 타자처럼 방관자적인 입장을 취하곤 한다. 강 건너 불구경하듯 여전히 성과를 자신의 문제로 여기고 있지 않는 것이다.

이들은 성과에 대해 '일을 수행하고 나서 평가받는 것'이라고 생각하곤 한다. 그러나 이것은 성과가 아니다. 말로는 '성과'라고 하지만 실제로는 '실적'을 가리키는 것이다.

실적은 업무수행의 결과를 창출하기 위해 '자신'이 얼마나 업무를 많이 수행했는지, 그리고 업무수행내용을 계량화한 결과가 무엇인지를 중심에 둔다. 그러나 성과는 '고객' 관점의 개념이다. 즉 고객이 원하는 가치기준을 제대로 달성했는가가 핵심이다. 따라서 성과관리는 고객이 원하는 바, 즉 타깃이 무엇인지를 구체적으로 설정해 목적지로 삼아야 한다.

그렇다면 공무원 개인은 성과관리를 어떤 관점에서 받아들여야 할까? 크게 다음의 3가지로 나누어 설명할 수 있다.

첫째, 성과관리는 당신이 열정적으로 일에 몰입함으로써 잠재역량을 최대한 발휘하는 장(場)이다.

구성원 개인에게 성과관리는 일하는 방식을 변화시키고, 자발적으로 동기를 부여하는 매개체로서 의미가 있다.

지금까지 우리는 관리자의 통제를 받아가며 일하는 데 익숙해져 있었다. 상사의 지시나 감시, 통제 등에 기대어 일하는 관리자 중심의 방식은 전형적인 'X이론'적 시각을 반영하며, 구성원을 성과창출의 수단으로 바라본다. 그런 사고방식에 젖어 있는 조직에서는 구성원들이 스스로를 수동적 존재로 만들고, 결과적으로 생산성도 떨어진다.

성과관리 시스템은 이와 반대로 구성원이 고객을 중심으로 업무를 수행하는 '성과목표에 의한 자율책임경영'을 지향한다. 달성해야 할 목표와 그에 대한 전략과 방법이 실제 업무를 이끌어가는 방식이다. 또한 목표와 전략과 방법의 핵심과제를 리더와 합의하면, 실행방법에 대해서는 구성원의 자율성을 인정한다.

'성과목표에 의한 자율책임경영'은 '관리자에 의한 통제'와는 달리, 서로가 합의된 기준을 바탕으로 체계적으로 움직이기 때문에 업무수행을 통한 기대가치를 창조하고 생산성이 제고될 뿐 아니라 구성원들을 긍정적이고 능동적 존재로 탈바꿈할 수 있게끔 만든다. 이처럼 구성원의 가치를 제고하는 관점은 구성원 스스로 동기를 부여해 목표를 세우고, 그것을 위해 스스로 노력할 뿐 아니라 그를 통해 얻은 결과를 스스로 책임질 수 있다는 인간존중의 휴머니즘이자, 'Y이론' 적인 신뢰경영의 시각을 내포하고 있다.

성과를 달성하는 데 실행주체인 구성원의 창의적이고 혁신적인 아이디어가 적극 수용된다면 어떻게 될까? 구성원들은 스스로에게 동기를 부여하는 자기주도적 마인드를 갖게 되어 개인 차원의 성과관리를 훌륭히 일궈낼 수 있게 된다. 이것이 구성원 개인에게 성과관리가 필요한 가장 중요한 이유다.

둘째, 일을 통해 역량을 향상시키는 계기가 된다.

21세기 지식정보화 시대에서 지식이나 스킬, 경험과 같은 업무수행을 위한 자격요건인 '능력'만으로는 개인의 경쟁력을 높일 수 없다. 이보다 한 단계 높은 차원의 성과를 창출할 수 있는 전략실행력인 '역량', 즉 일하는 방식, 사고하는 방식, 행동하는 방식이 개인의 경쟁력을 좌우하는 것이다.

그렇다면 이러한 역량을 계발하기 위해서는 어떻게 해야 할까? 일을 한층 '입체적'으로 바라보아야 한다.

성과를 바라보는 3가지 측면은 시간, 공간, 고객이다. 먼저 시간적으로 중장기 비전과 연계해 목표를 수립하고, 공간적으로 상위조직의 목표를 고려해 개인의 목표를 구체화하며, 또한 성과목표의 대상인 국민(고객)에게 새롭고 차별화된 가치를 제공하는 것, 이것이 곧 성과관리 아닌가.

성과관리는 구성원의 능력을 마른 걸레 짜듯 쥐어짜 실적을 키우는 것이 아니다. 현재 가지고 있는 구성원의 잠재역량을 극대화하는 동시에 일을 통해 부족한 역량을 채워나가고, 잘하는 것을 더 잘하게 하는 과정인 것이다. 그런 점에서 성과관리 하에서 '일'이란 곧 '지독

도표 개인의 성과를 입체적으로 바라보는 방식

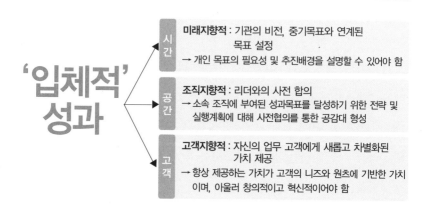

한 훈련'에 다름 아니다. 성과목표를 분명하게 설정한 상태에서 '스스로', '제대로', '열심히' 일하는 과정을 반복함으로써 역량은 한 뼘 한 뼘 늘어나고 구성원은 발전하게 된다.

셋째, 자신의 삶을 주체적으로 이끌어가는 '자가발전기'로 혁신시키는 매개체다.

구성원은 스스로의 성과를 관리함에 따라 자신의 삶에서 목표를 수립하고, 이를 달성하기 위한 '선택과 집중'의 일하는 방식을 배우게 된다. 이를 바탕으로 지속적으로 개인의 비전과 중기목표를 달성함으로써 관리자의 감시와 통제가 아닌, 스스로의 목표를 중심으로 삶을 설계하는 '자가발전기'로 탈바꿈하게 될 것이다.

공공조직 산하의 S시립 교향악단(이하 '시향'). 이곳의 대표로 전직 기업 CEO가 부임했다. 가장 이성적이고 냉철하다는 금융기관을 이끌었던 그가 시향에 와서 가장 먼저 한 일은 바로 '용어 바꾸기'였다.

그는 먼저 '관객'이라는 용어를 없애라고 지시했다. '관객'이라는 용어에서 일회성의 느낌이 묻어나고, 정성이 부족해 보인다는 것이 그 이유였다. 대신 이를 반복적이고 관계지향적인 뉘앙스를 주는 '고객'으로 바꾸었다.

그러자 놀라운 변화가 일어났다. 단어 하나를 바꾸었을 뿐인데 직원들과 단원들의 마인드가 변하기 시작한 것이다.

시향은 운영재정의 대부분을 시청에서 지원받기 때문에, 사실상 시민들이 내는 세금으로 운영된다고 할 수 있다. 이러한 인식 하에 시향은 시민 모두를 고객으로 보고, 고객들이 고품격 문화를 손쉽게 즐길 수 있도록 '찾아가는 음악회'를 기획했다. 시간과 장소를 정해놓고 오라고 하는 공급자 중심의 시각을 버리고 고객이 원하고, 시향의 음악을 필요로 하는 고객들이 있는 곳이라면 학교, 병원, 멀게는 땅 끝 전라남도 해남까지 찾아갔다. 공급자 중심에서 수요자 중심의 경영 마인드로 일대 혁신을 감행한 것이다.

이러한 활동으로 시향의 이미지가 제고되자, 직원들과 단원들의 사기도 하늘을 찌를 듯 높아졌다.

혁신의 발동을 건 시향은 인사평가 시스템까지 확 뜯어 고쳤다. 정기 인사평가에서 경력이 오래되었다고 높이 처우해주기보다는 성과와 역량을 우선적으로 고려하는 등 궁극적으로 고객을 감동시킬 수 있는, 고객 중심의 시향을 운영하기 위한 프로세스 혁신까지 동시에 진행한 것이다.

고객의 개념을 재정립하고 그 용어부터 바꾼 이 사례는 고객 중심적 사고, 목적지 중심의 사고가 얼마나 중요한지를 깨닫게 하는 좋은 본보기라 할 수 있다. 또한 조직과 구성원이 고객에게 더 큰 가치를 제공하겠다는 의지를 공유했을 때 얼마나 극적인 자기변신을 꾀할 수 있는지를 보여준다.

규모가 크든 작든, 어떤 성격의 업무이든, 그것은 문제가 되지 않는다. 당신이 몸담고 있는 그곳의 고객이 당신에게 무엇을 원하는가? 이 질문을 놓치지 않는지, 그것이 중요할 뿐이다.

3 | 성과관리 '시스템'은 있다, 그런데 왜 '성과'는 없는가?

요즘 중앙부처나 지방자치단체 등의 공공기관에서 강의 요청을 받으면, 공무원들의 생각과 관점이 예전과는 확연히 달라졌음을 실감하게 된다. '성과'와 '혁신', '자율책임경영' 등 기업에서나 요청할 법한 주제들을 요청하곤 하기 때문이다.

이러한 현상은 아마도 정부 차원에서 국정과제로 '유능한 정부로 바꾸겠습니다'를 내걸고, 세부 전략과제로 '공공부문에서 성과를 높이겠습니다'를 설정하여 실행하려고 노력하기 때문이 아닐까 생각된다. 더불어 공공기관의 리더들이 '현장경영', '성과', '고객', '액션 플랜'과 같은 말들을 강조하기 때문인 것 같기도 하다. 어쨌든 성과관리를 바탕으로 하는 공공기관 혁신의 신호탄이 올랐음은 분명하다. 이러한 흐름에 부응해 공공기관이나 공기업들은 가히 '열풍'이라 할 만큼 성과혁신에 대한 교육을 많이 하고 있다.

그러나 얼마 전 공공기관의 비전과 중장기 전략을 수립하기 위해 워크숍을 진행하던 나는 쉬는 시간에 교육생들이 하는 이야기를 듣고 아연실색할 수밖에 없었다.

"성과관리는 사람이 아닌 제도나 시스템으로 하는 것 아니냐?"

"어차피 1~2년 지나면 기관장이 바뀌니 그때까지 대충 맞추며 흉내만 내면 되지 않나?"

이런 대화는 비단 이 기관에서만 볼 수 있는 광경이 아니다. 위에서는 공공기관을 혁신하기 위한 신호탄을 쏘아 올렸지만, 아직 구성원들이 마음속으로 공감대를 형성하지는 못한 것이다.

성과관리 시스템은 공공기관의 성과달성을 위한 훌륭한 도구다. 그러나 이렇게 훌륭한 성과관리 시스템을 도입해 적용하고 있는데도 불구하고, 왜 우리는 제대로 된 성과관리를 하지 못하는 것일까?

:: 공공부문의 성과관리가 실패하는 4가지 이유

첫째, 목적지가 불분명하다.

많은 공공기관들이 성과관리를 통해 도달하고자 하는 궁극적 목적지를 구체적으로 제시하지 못하고 있다. 기관의 존재 이유인 미션과 일정시점까지 도달하고자 하는 비전이 있긴 하지만, 그 모습이 눈에 선하게 떠오를 정도로 명확하지 못했다. 즉 기관 차원에서 달성하고자 하는 미래의 모습을 막연하게 설정해놓고, 두루뭉술하게 표현하였기에 공감대를 형성하지 못한 것이다. 사례로 설명해보자.

도표 ○○○부처의 비전 사례

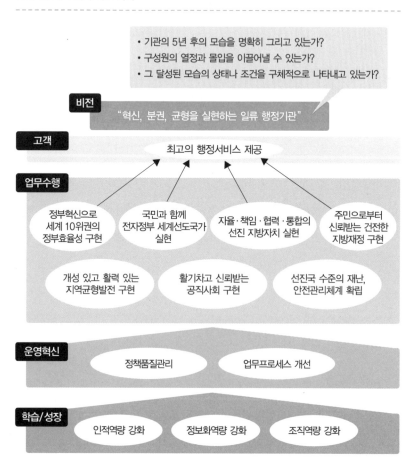

• 기관의 5년 후의 모습을 명확히 그리고 있는가?
• 구성원의 열정과 몰입을 이끌어낼 수 있는가?
• 그 달성된 모습의 상태나 조건을 구체적으로 나타내고 있는가?

비전
"혁신, 분권, 균형을 실현하는 일류 행정기관"

고객
최고의 행정서비스 제공

업무수행
정부혁신으로 세계 10위권의 정부효율성 구현
국민과 함께 전자정부 세계선도국가 실현
자율·책임·협력·통합의 선진 지방자치 실현
주민으로부터 신뢰받는 건전한 지방재정 구현

개성 있고 활력 있는 지역균형발전 구현
활기차고 신뢰받는 공직사회 구현
선진국 수준의 재난, 안전관리체계 확립

운영혁신
정책품질관리
업무프로세스 개선

학습/성장
인적역량 강화
정보화역량 강화
조직역량 강화

앞의 도표는 ○○○부처의 비전을 나타낸 것이다. '혁신, 분권, 균형을 실현하는 일류 행정기관'이라는 ○○○부처의 비전은 무엇을 통해 달성할 수 있을까? 이에 대한 답을 고객, 업무수행, 운영혁신, 학습성장 등의 관점에서 구체적으로 서술해야 한다. 그러나 도표에서는 달성여부를 점검할 수 있는 상태나 조건 등이 수치화되어 명확히 나타나지 않은 채, 업무의 수행방침인 전략과제 등만 제시되어 있다. 비전의 달성여부를 명확하게 판단할 수 없이 추진방향 정도만을 공유하고 있다고 볼 수 있다.

이번에는 일반기업이 비전을 도출하고 구체화하는 사례를 살펴보도록 하자. 얼마 전 삼성전자가 10년 후인 2020년의 모습을 그려보였다.

'2020년 매출 4,000억 달러 달성, 세계 10대 기업 진입, IT업계 1위 도약!'

어떤가? 이 문장에서 삼성전자의 미래 모습이 그려지지 않는가?

어떤 이들은 이렇게 생각할지도 모르겠다.

'앞으로 3년, 아니 1년 앞도 내다보기 힘든 상황인데, 10년 후의 모습을 그려보는 것이 무슨 의미가 있을까?'

그러나 결코 그렇지 않다. 오히려 1년을 내다보기 힘든 급변하는 경영환경, 내일의 도약을 기약할 수 없는 저성장의 시대일수록 비전을 디자인하고, 이를 추진하기 위한 과제들을 더욱 심도 깊게 논의해야 한다. 일정 시점에 조직이나 기업이 도달하고자 하는 모습을 보다 구체화하고 또렷하게 형상화할 때에만 실현 가능성을 높일 수 있다. 이는 단순한 숫자 놀음이 아니다. 비전은 구성원의 열정과 몰입을 이끌어내기 위한 최고의 유인물이므로, 그에 합당하게 명확한 목적지를 그려줘야 한다.

공공기관도 일반기업처럼 구체적이고 수치화된 비전을 세워야 하며, '우리 기관이 무엇을 달성한 것인가?' 하는 것을 국민들이 명확히 파악할 수 있도록 도와주는 청사진을 디자인해야 한다. 특히 이해관계가 다양하게 맞물려 있는 공공기관의 특성상, 그들에게 일정시점까지 어떠한 모습을 이루고자 하는지 비전을 통해 설득하고 이해시킬 필요가 있다.

둘째, 전략이 구체적이지 못하다.

비전은 있지만 궁극적인 목적지에 도달하고자 하는 전략이 구체적으로 수립되어 있지 않은 경우가 허다하다. 비전을 달성하기 위한 전략적 접근 단계, 즉 '비전 → 중장기 목표 → 중장기 전략 → 실행계획'이 서로 연계되어 체계적으로 이루어져야 하는데, 그렇지 못한 것이 현실이다. 더욱이 조직 내부에서 주도적으로 경영활동의 목적지를 계량화해야 하는데 그렇지 못한 경우가 많다. 일부 재무지표나 가치지표에 의존해 외부 전문가들이 하는 충고를 '전략'이라고 수용하는 데 급급한 조직들도 없지 않다.

셋째, '아웃풋'이 아닌 '인풋' 중심의 시스템이다.

성과관리를 하기 위해 현재 운영하고 있는 시스템을 보면 초점이 잘못 맞춰져 있다는 인상을 강하게 받곤 한다. 목적지인 성과 중심이 아니라 업무량, 사업추진 진도, 업무수행 정도와 같은 업무수행과정 중심으로 되어 있는 경우가 비일비재하다. 달성해야 하는 성과목표 중심이 아니라 인력, 예산 등 업무수행의 인풋 중심으로 성과관리를 생각하는 사고방식이 구성원 사이에 팽배해 있어, 실제 국민이 원하는 가치를 충족시키는 데 역부족이다. 인풋 중심으로 성과관리를 운영하면 '얼마나 일을 많이 했는지'는 측정이 가능하지만, 서비스의 질이 얼마나 좋아졌는지, 국민 개개인의 삶의 질이 얼마나 향상되었는지를 파악하는 것은 불가능하기 때문이다.

성과목표를 정하면 그다음 단계로 성과목표를 달성하기 위한 전략과제를 수립한다. 전략과제는 목표를 달성하는 로드맵이기에, 그 자체로 업무수행의 성공 여부를 판단할 수 있는 기준 또는 방향이 된다.

따라서 전략과제를 담은 핵심성과지표(KPI)는 업무가 지향하는 방향을 구체적인 목적지로 나타내야 한다. 즉 전략과제의 목적달성수준을 확인할 수 있는 구체적인 측정지표로 매출액, 시간당 생산성, 회수율, 변동비, 일정지연 일수 등과 같이 수량, 건수, 비율, 금액 등을 이용해 객관적으로 측정할 수 있는 지표의 형태로 추출해야 한다. 무엇보다 가장 중요한 점은, 핵심성과지표가 전략과제를 수행하는 '기준'이 되고 있는지 확인할 수 있어야 한다는 것이다.

이쯤이면 핵심성과지표가 성과달성에 얼마나 중요한 요소인지 느낄 것이다. 핵심성과지표를 개발하는 프로세스는 구성원의 행동에 이정표를 제시하고, 기관의 성공적인 성과관리에 결정적인 영향을 미치므로 성과목표와의 연계성 및 현실화의 차원에서 치밀하게 검토되어야 한다. 그러나 아래 도표에서 볼 수 있듯이, 공공기관의 핵심성과지표는 아직까지 목적지를 정확히 공략하지 못하는 경우가 많다.

최고의 행정서비스를 제공하기 위해 내·외부 고객만족도를 관리지표로서 운영하는 것은 타당하다. 그러나 개별 구성원들에게 내·외부 고객만족도를 모두 성과지표로 운영하도록 하는 것은 불가능하다. 왜냐하면 구성원이 고객만족도를 제고하기 위해 어떠한 업무에 집중할지 설정하는 것은 구성원 개인의 업무범위를 벗어나는 것이기

도표 공공기관의 전략과제와 핵심성과지표 사례

전략과제	핵심성과지표
최고의 행정서비스 제공	내·외부 고객만족도
정부혁신으로 정부효율성 구현	○○부 혁신관리 수준
정책품질 관리 강화	정책품질관리 수준
업무프로세스 개선	업무프로세스 개선 실정
인적자원 역량 강화	인당 교육훈련 시간
정보화역량 강화	지식행정시스템 활용 마일리지

1. 전략과제는 업무수행의 성공 여부를 판단할 수 있는 기준이자 방향
2. 업무수행 지침

1. 전략과제가 목적한 바를 달성했는지 확인할 수 있는 측정지표
2. 전략과제의 성공 여부에 대한 평가지표
3. 전략과제의 사전 업무수행기준

때문이다.

또한 구성원의 역량을 강화하기 위해 인당 교육훈련 시간을 측정하고 평가하는 것은 가능하지만, 교육훈련의 목적지가 단순히 교육훈련 시간을 늘리는 것은 아님을 유념해야 한다. 예를 들어 과장들의 성과관리역량을 제고하는 것이 목적이라면, 핵심성과지표로 가장 좋은 것은 '과 성과목표 달성률'이겠지만 이것이 어렵다면 차선책으로 '리더의 1인당 성과관리 교육훈련 시간' 정도라도 설정하는 것이 더 나은 기준이 될 수 있다.

이처럼 전략과제에 따라 다수의 성과지표가 도출될 수 있지만, 핵심성과지표는 실행시점에서 전략과제의 추진목적을 가장 정확히 측정하고 평가할 수 있는 한 가지만을 선정해야 한다. 여러 가지 지표를 설정할 경우 전략적 지향점이 흐트러져 '선택과 집중'의 의미를 퇴색시킬 수 있기 때문이다.

넷째, 성과관리를 리더가 아닌 실무자들이 담당한다.

많은 조직의 실태를 보면 성과책임자가 아닌 단위조직별 실무 담당자들이 성과관리를 담당하고 있다. 이를 축구경기에 비유하자면 마치 감독이나 코치가 작전을 수립해주지 않아 필드에서 경기를 하는 선수가 작전을 직접 수립하고 뛰는 것이라 할 수 있다. 이보다 더 심한 경우도 있다. 감독이나 코치가 필드에 난입해 직접 경기를 뛰는 것이다. 기관장인 구단주와 고위간부인 감독의 탓이 크다 할 것이다.

세계적인 경영 구루 게리 해멀은 저서 《꿀벌과 게릴라》에서 이렇게 말한다.

"지속적인 개선을 통해 조직이 경쟁력을 유지할 수 있던 시대에는 '더 빠르게', '더 우수하게', '더 싸게'라는 점진적 사고 중심의 경영이 중시되었다. 이 시대에는 정해진 일을 착실하게 반복하고 주어진 것에 최선을 다하는 '꿀벌'과 같은 관리자가 인재로서 대우받았다. 조직뿐 아니라 개인들도 지향하는 인재의 모습이었다.

그러나 이제 시대는 변했다. 경영환경 자체가 비선형적이고 불연속적이며 돌발적인 변화가 본격적으로 일어나는 '혁명' 같은 시대에 '꿀벌' 같은 인재는 필요 없다. 보다 '창의적'이고 '상상력'이 풍부하며, '반복적'이고 '지속적'으로 성과를 창출하고 혁신하는 경쟁력을 갖춘 인재, 끊임없이 새로운 가치를 추구하고 자신감을 바탕으로 경영진을 설득하는 '게릴라' 같은 인재가 필요하다."

행정환경이 나날이 변화하는 시대, 우리 공무원들도 전략적 실행력을 높여 '게릴라' 같은 인재가 되어야 한다. 막연히 꿀벌처럼 '열심히' 일한다고 해서 인정받는 시대는 지났다. '제대로' 해야 한다. 공무원답게 일해야 한다.

국민과 기업에 새로운 대한민국의 미래 비전을 보다 구체적으로 제시하고, 국가 지도자를 보좌하여 의도하는 대로 국정을 이끌어갈 수 있는 전략적 실행력을 제고해야 한다. 또한 대한민국의 성장을 위해 국민들에게 동기를 부여하고, 국민들의 성과목표를 달성하기 위해 행정서비스를 통하여 구체적이고 실질적으로 피드백을 제시하는 역할을 수행해야 한다.

이는 국가, 행정부, 공공기관의 몇몇 리더가 전략적 방향을 제시하고 목표를 설정한다고 되는 것이 아니다. 그러기엔 한계가 있을 수밖에 없다. 모든 공무원이 각자의 위치에서 스스로 '일하는 방식'을 혁신해야 한다.

4 | 성과관리 시스템의 '기본'을 이해하라

앞서 우리는 기업의 성과관리가 제대로 성공하고 있는지, 공공부
문에서 왜 성과관리를 해야 하는지, 현재 공공부문의 성과관리에서
무엇이 잘못되고 있는지 살펴보았다. 그렇다면 이번에는 개인 차원
과 기관 차원의 성과관리에 대해 정리해보고, 성과관리의 핵심이라
불리는 '전략수립'과 '권한위임'에 대해 알아보도록 하자.

:: 기관 차원의 성과관리 프로세스

개인의 '성과목표에 의한 자율책임경영'을 제대로 운영하기 위해
서 가장 중요한 것은 기관 차원의 전략적 성과관리와 연동시키는 것
이다. 특히 성과지표를 관리하고 운영하며, 성과를 지속적으로 향상

시키고 체계적으로 경영하기 위해서는 기관 차원의 성과관리 프로세스가 탄탄해야 한다.

일상적인 업무수행결과를 나타내는 핵심성과지표와, 비전 및 중장기 목표달성에 필요한 전략과제를 선택하고 모니터링하는 핵심성과지표. 이 두 가지는 기관 차원에서 단기적, 거시적 의사결정을 하는 데 매우 중요한 역할을 한다. 그래서 기관 차원의 성과경영 시스템은 이 두 가지 지표들을 동시에 관리하는 데 심혈을 기울인다. 즉 두 가지 지표를 관리하는 도구라는 관점에서 비전을 전략화하고, 제한된 자원을 사용하도록 하며, 달성해야 할 목표를 타당하게 설정하도록 하는 것이 바로 기관 차원의 성과관리 시스템이다.

따라서 기관 차원의 성과관리 시스템은 장단기 경영활동, 기관과 단위조직 차원의 경영활동이 유기적으로 맞물려 이루어지도록 해야 한다. 비전과 중장기 목표를 바탕으로 연간 단위의 성과목표와 전략, 그리고 월간 또는 주간 단위의 일상적인 업무수행에 어긋나는 점이 있거나 불협화음이 인다면, 그 기관은 성과관리를 잘하고 있다고 할 수 없다.

기관 차원에서 성과관리를 제대로 하는 프로세스는 어떤 것인지, 다음의 도표를 통해 좀 더 자세히 알아보자.

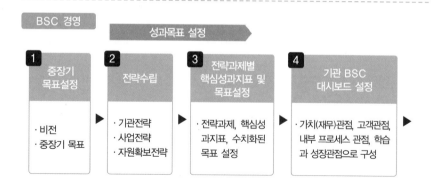

도표 성과목표에 의한 자율책임경영 프로세스 (기관 차원)

BSC 경영

성과목표 설정

1 중장기 목표설정
· 비전
· 중장기 목표

2 전략수립
· 기관전략
· 사업전략
· 자원확보전략

3 전략과제별 핵심성과지표 및 목표설정
· 전략과제, 핵심성과지표, 수치화된 목표 설정

4 기관 BSC 대시보드 설정
· 가치(재무)관점, 고객관점, 내부 프로세스 관점, 학습과 성장관점으로 구성

　'성과목표에 의한 자율책임경영 프로세스'가 어떻게 이루어지는지 한눈에 들어오는가? 이를 좀 더 구체적으로 살펴보기 위해 공간적, 시간적 차원으로 나누어 논의를 진행해보자.

　먼저 공간적 차원의 프로세스를 살펴보자. 우선 기관의 비전을 명확히 하고 이를 달성하기 위한 전략을 수립한 후, 전략실행과 수행성과를 측정할 수 있는 성과지표를 개발하고 전략단계별로 달성되어야 할 목표수준을 구체적으로 명시한다. 이와 같이 기관의 BSC 대시보드가 설정되면 성과가 단위조직인 국이나 팀, 과, 그리고 구성원별로 연계될 수 있도록 성과목표를 배분하는 프로세스를 진행한다.

　이번에는 시간적 차원의 프로세스를 살펴보자. 우선 과거의 성과와 기관의 현재역량, 외부시장 환경을 분석해 새로운 성과지표를 확정하고, 지표별로 중장기 목표를 설정한다. 그리고 이를 바탕으로 중

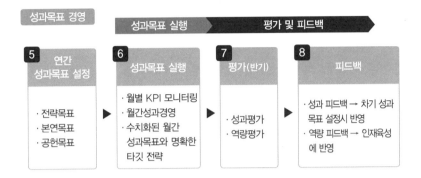

기, 단기별로 이루어야 할 성과목표와 달성전략, 성과평가기준을 수립하고 확정하는 단계를 거친다. 이를 성과목표 설정단계라 한다.

이렇게 수립된 계획을 일상적인 업무활동과 연계해서 수행하는 과정이 이루어지는데, 월, 분기 또는 반기 단위로 성과목표의 진척도를 관찰하고 분석한 후 그것을 바탕으로 계획을 수정한다. 그러면서 목표수행 과정을 수시로 관리하는 성과목표 실행단계로 진행된다.

성과목표 실행단계 이후에는 사전에 합의된 기준에 따라 성과의 달성도를 구체적으로 평가하는 성과평가 단계가 진행된다. 이때는 단순히 성과달성 여부를 점검하는 것이 아니라 각 단위조직별로 실행과정에서 생겼던 시행착오를 반성하고, 최초에 목표를 설정하던 단계로 돌아갈 수 있도록 구체적인 정보를 제공하는 피드백 단계로 나아가야 한다. 피드백을 수렴함으로써 조직은 자정능력을 갖추게 되며, 변화할 수 있는 근거를 마련하게 된다.

:: 목표를 쪼개라, 그러나 기계적으로 나누지는 마라

    이렇듯 전략적으로 성과목표를 전개하는 과정에서 가장 미흡한 부분이 바로 '캐스케이딩'이다. 앞서 1부에서 간략히 살펴보았지만, 기관 차원의 성과목표를 단위조직의 목표와 연계하는 가장 중요한 개념이므로 다시 한 번 정리하고 넘어가는 것이 좋을 듯하다.

도표 디바이딩 vs 캐스케이딩

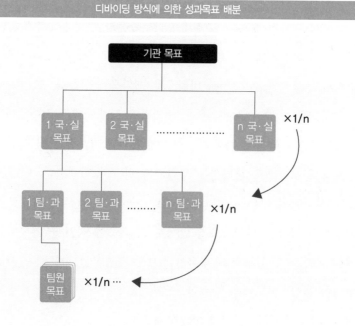

캐스케이딩이란 한마디로 '전략적 성과목표의 전개'다. 이는 상위 조직의 장(長)이 자신의 목표를 하위조직의 구성원 수대로 단순히 '디바이딩'하는 것과는 다르다. 조직의 목표를 달성하기 위해서는 선택과 집중에 의해 전략을 수립하고, 구성원의 역량에 따라 성과목표를 전략적으로 배분해야 한다.

기존에는 전체 기관의 성과목표를 국·실 단위로, 이를 다시 팀·과 단위로, 그리고 구성원들에게로 단순 배분하는 '디바이딩'의 목표

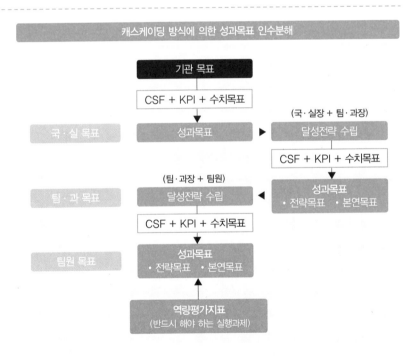

캐스케이딩 방식에 의한 성과목표 인수분해

기관 목표

CSF + KPI + 수치목표

국·실 목표 　　성과목표　▶　달성전략 수립　(국·실장 + 팀·과장)

CSF + KPI + 수치목표

성과목표
• 전략목표　• 본연목표

팀·과 목표　(팀·과장 + 팀원) 달성전략 수립 ◀

CSF + KPI + 수치목표

팀원 목표　성과목표
• 전략목표　• 본연목표

역량평가지표
(반드시 해야 하는 실행과제)

배분 방식을 따랐다. 그러나 '캐스케이딩' 방식은 전체 기관의 성과목표를 달성하기 위해 이를 국·실 단위의 성과목표로 부여하고, 이를 달성하기 위한 전략을 국·실 조직의 장과 팀·과장이 모여 수립한다. 상위조직의 성과목표는 전략과제와 핵심성과지표, 수치화된 목표로서 팀·과 단위의 성과목표로 캐스케이딩된다.

성과목표에 의한 전략적 경영 프로세스에서 볼 때, 기관 또는 국·실 등 상위 단위에서 달성해야 할 단기 성과목표를 하위조직인 과 단위로 내려줄 때는 일방적인 방식으로 과제를 하달해서는 안 된다. 상위조직의 리더와 하위 실행조직의 리더가 모여서 치열한 토론을 해가며 성과목표를 달성하기 위한 전략과제와 목표수준을 부여하는 것이 바람직하다.

그래야 국장은 과장들에게 '우리 국이 왜 이러한 성과목표를 기관으로부터 부여받았는지' 설명할 수 있고, 과장은 구성원들에게 과의 목표에 대한 당위성과 구성원들의 성과목표의 타당성을 설명해줄 수 있다. 다시 말해 상위조직은 목표에 대한 타당한 근거를 가지고 실행조직에 목표를 부여하고, 실행조직은 합의해 수용할 수 있는 목표라면 수용하되, 이견이 있을 때는 구체적인 전략과 방법 그리고 보유역량 등과 같은 객관적 자료를 바탕으로 이슈를 제기하고, 필요한 자원이 있다면 자발적으로 요청해야 한다.

이처럼 목표와 전략과제를 놓고 토론을 벌일 때, 상위조직의 목표를 단순히 n분의 1로 나누어 가지는 방식이어서는 곤란하다. 기관이나 국·실의 성과는 하위조직인 각 팀·과의 성과를 단순히 합한 것 이상이 되어야 시너지 효과를 낼 수 있다.

따라서 상위조직은 목표를 달성하기 위해 필요한 본질적인 세부과제가 무엇인지 도출하고, 이를 개별 하위조직의 특성에 맞게 전략적으로 내려주어야 한다. 이것이 우리가 말하는 캐스케이딩이다. 캐스케이딩이 원활하게 이루어져야 상하 조직이 서로의 목표를 납득할 수 있게 되고, 궁극적으로 성과목표에 의한 자율책임경영이 가능해질 것이다.

캐스케이딩은 구성원들이 자신의 성과목표가 조직 및 기관의 비전이나 목표달성에 어떻게 영향을 미치는지에 대한 연계성을 명확하게 깨닫게 되는 과정이다. 아울러 상위조직의 리더와 실행단위조직의 구성원 간 전략수립 워크숍을 통해 실행단위조직 안팎으로 성과목표와 정보를 원활히 흐르게 함으로써 성과목표 달성의 가능성을 높여준다.

캐스케이딩을 거치면서 리더들은 단위조직의 성과목표와 기관 전체의 성과에 걸친 연계성을 파악하는 역량을 얻는 학습효과도 부가적으로 얻을 수 있다.

그렇다면 성공적인 성과관리를 도입하기 위해 요구되는 역량은 무엇이며, 구체적으로 어떤 프로세스를 밟아야 할까?

우선 기관장과 국장은 기관의 비전과 중장기 목표를 수립하고, 이를 각 부서에서 수행할 수 있도록 전략을 중심으로 합의하고, 전략과제로 구체화하여 배분해야 한다. 전략을 수립하고, 팀·과장에게 전략실행에 대한 권한위임을 구체적으로 실행해 장차 기관을 이끌 경영파트너로 육성하는 것이 기관장과 국장의 핵심역할이라 할 수 있다.

그렇다면 팀장 또는 과장이 갖추어야 할 역량과 수행해야 할 역할은 무엇일까? 연간 성과목표 달성에 대한 책임을 갖고, 성과목표 달성을 위한 전략을 수립하며 이를 구성원에게 명확하게 제시하는 '목표설정자'의 역할을 한다. 또한 구성원이 성과목표를 실행할 때 이에 대해 코칭해주는 '코치'의 역할, 구성원이 성과분석과 차기 목표를 설정할 때 지원하는 '피드백 제공자'의 역할도 게을리해서는 안 된다.

성과목표에 의한 자율책임경영을 정립하는 데는 기관장과 국장 혹은 실장, 과장과 팀장이 각자의 역할과 책임이 무엇인지 분명히 깨닫는 것이 절대적인 전제조건이다. 그래야 리더로서 자신의 역할을 자율적으로 수행하고, 성과에 대한 책임을 명확히 할 수 있다. 이를 위해서는 각자의 목표와 전략을 중심으로 워크숍을 갖고 목표에 대해 사전 합의하는 과정이 필요하다.

성과목표 설정	성과목표 실행	성과평가 및 피드백
(성과목표 부여 : 상위조직장 전략수립 : 실행조직, 팀원 성과코칭 : 국장/팀·과장)	리더 → 실무자 업무추진계획 → 목표달성전략 (상위조직 리더 : 성과코칭, 실행조직 팀원 : 성과목표 실행)	(사정형 → 육성형)

1. 성과목표가 명확하게
   이미지화, 계량화(조감도)
   되어 있는가?
2. 상위조직의 성과목표 달
   성을 위한 선행 전략과제
   인가?
3. 실행 가능한 수준인가?
4. 성과목표 달성을 위한
   전략은 명확한가?
5. 리더와 팀원이 공감하고
   있는가?
	1. 리더의 업무 지시, 실무자의
	   진행사항 보고 중심의 업무
	   추진 방식인가?
	2. 연간 성과목표와 연계되어
	   있는가?
	3. 분기·월간·주간 단위로
	   달성해야 할 성과목표가
	   수치화되어 있는가?
	4. 달성전략이 타깃 중심으로
	   설정되어 있는가?
	5. 리더의 코칭이 적절하게
	   이루어지는가?
		1. 성과분석과 개선방향
		   논의가 이루어지는가?
		2. 육성방향과 보완내용이
		   피드백되고 있는가?

성과를 경영하는 리더들의 역량에서 살펴보았듯, 성과관리 프로세스는 크게 '성과목표 설정, 성과목표 실행, 성과평가 및 피드백'이라는 프로세스로 이어진다.

첫 번째는 '성과목표 설정' 단계다. 이때는 성과목표가 명확하게 이미지화되었는지, 이대로 곧장 실행해도 되는 수준으로 설정되었는지, 성과목표 달성을 위한 전략은 명확히 타기팅했는지 확인해보아야 한다. 또한 상위조직의 성과목표를 달성하기 위한 선행 전략과제를 하위 실행자가 설정했는지, 나아가 이 모든 성과목표 설정과 전략에 대해 리더와 구성원이 사전에 충분히 공감했는지 체크할 필요가 있다.

두 번째는 '성과목표 실행' 단계다. 이 단계에서는 일을 하면서 목표달성전략이 아니라 업무추진계획에만 급급한 것은 아닌지를 점검해야 한다. 또한 '상사가 아닌 실무자 중심으로 전략실행에 대한 권한위임이 이루어졌는가?'를 계속 확인해보아야 할 것이다. 결국 성과목표 실행은 실행조직인 과 단위에서 이루어지며, 고객 접점에 배치되어 있는 구성원을 중심으로 현실화되기 때문이다.

목표설정을 훌륭히 했다 해도, 상사와 실무자가 일방적으로 지시를 내리고 진행상황을 보고하는 식으로 업무를 해나간다면 자율적이고 창의적인 실행은 요원해진다. 리더와 구성원은 실행하고 있는 성과목표가 연간 성과목표와 연계되어 있는지, 분기·월간·주간 단위로 달성해야 할 성과목표가 수치화되어 실행자가 한눈에 알아볼 수 있는지, 성과목표 달성전략이 주요 대상을 중심으로 확실하게 타기팅되어 있는지에 대해 계속 점검하며 의견을 나누어야 한다. 이 과정에서 리더의 코칭이 이루어져야 하는 것은 물론이다.

마지막 단계는 '성과평가 및 피드백'이다. 이때는 실행자의 잘못된 점을 지적하는 '사정(司正)형 피드백'이 아니라 달성된 성과와 실행한 전략을 중심으로 구성원의 역량을 계발하기 위한 성과분석을 하고 '육성형 피드백'을 해야 한다. 따라서 이 단계에서는 성과분석과 그에 따른 개선방향에 대한 논의가 이루어지고 있는지, 실행전략을 보완할 만한 피드백을 하고 있는지, 추후 구성원을 육성하는 방안이 마련되었는지를 체크해야 한다.

PART

3

성과관리
7단계를
핵심역량으로
체질화하라

앞서 1, 2부에서는 공공부문의 행정환경이 변화함에 따라 성과관리가 등장하게 된 배경에 대해 이야기해보았다. 또한 성과관리가 제대로 정착하지 못하는 주요 원인에 대해 논하면서 '올바른 성과관리'란 무엇인지, 그 개념에 대해 살펴보았다.

이번에는 구성원 각자가 '제대로 일하는 공무원'이 되기 위해서 어떻게 하면 성과를 창출할 수 있는지 알아보려 한다. '성과관리 7단계 프로세스'를 통해 매 단계마다 핵심을 짚어가며 구체적인 방안(how-to) 역시 함께 제시하도록 하겠다.

그 전에 먼저 짚고 넘어가야 할 것이 있다. 공무원으로서 '제대로 일한다'는 것은 과연 무슨 뜻인가?

'제대로 일하는 공무원'은 수많은 직업 중에서 자신이 왜 하필 공무원이라는 직업을 택했는지 확실히 아는 사람이다. 이들은 다른 일을 선택할 수 있었음에도 '공무원'을 택한 이유가 분명하고, 자신의 직업에 대한 존재목적이 명확하다. 아울러 자신의 존재목적을 통해 이루고자 하는 비전과 목표가 아주 분명하며, 자신만의 탁월한 역량으로 목표를 이루어나간다.

이처럼 제대로 일하는 공무원은 공무원으로서의 업에 대한 비전과 목표도 명확하지만, 주어진 업무를 수행하는 데도 일정 기간에 달성하고자 하는 성과목표와 전략적 실행, 냉정한 평가프로세스가 분명하다.

이러한 일련의 과정은 2부에서 살펴본 조직의 성과관리 프로세스로 설명할 수 있다. '성과목표 설정-성과목표 실행-성과평가 및 피드백'이 그것이다. 자신이 부여받은 성과목표를 계량화해 설정하고, 전략적으로 실행해 성과를 창출하기까지의 3단계를 정리해보면 다음과 같다.

첫째, '성과목표 설정(planning)' 단계에서는 업무를 수행하여 미래의 일정시점에 달성하고자 하는 모습을 결정한다. 장기적인 비전을 중기·연간·월간 단위로 쪼개서 구체적인 성과목표를 설정하는 것이 모두 여기에 포함된다.

이때 당신은 성과목표의 구조에 대해 명확히 이해하고 있어야 한다. 성과목표는 나의 임무와 역할을 다하기 위해 가장 중요하게 우선적으로 실천해야 할 전략과제(CSF, 핵심성공요인)와 전략과제수행을 통해

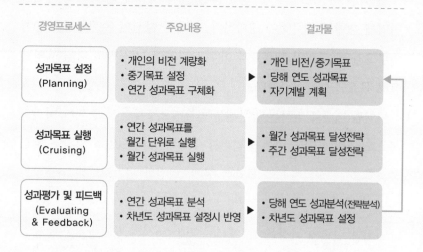

경영프로세스	주요내용	결과물
성과목표 설정 (Planning)	• 개인의 비전 계량화 • 중기목표 설정 • 연간 성과목표 구체화	• 개인 비전/중기목표 • 당해 연도 성과목표 • 자기계발 계획
성과목표 실행 (Cruising)	• 연간 성과목표를 월간 단위로 실행 • 월간 성과목표 실행	• 월간 성과목표 달성전략 • 주간 성과목표 달성전략
성과평가 및 피드백 (Evaluating & Feedback)	• 연간 성과목표 분석 • 차년도 성과목표 설정시 반영	• 당해 연도 성과분석(전략분석) • 차년도 성과목표 설정

추구하고자 하는 기대목표, 목적, 가치인 핵심성과지표(KPI), 그리고 핵심성과지표의 달성수준(수치목표)의 3가지 핵심요소를 바탕으로 구성되어 있다.

둘째, '성과목표 실행(cruising)' 단계에서는 설정한 연간 단위의 성과목표를 일상업무에서 실행에 옮긴다. 구성원은 자신이 스스로 통제할 수 있도록 분기·월간·주간 단위로 성과목표를 인수분해하고 구체적인 달성전략을 수립하여 실행한다. 전략을 실행하기 전에 반드시 리더에게 전략과 방법을 논리적으로 설명하고, 리더의 '성과코칭'을 이끌어내는 것이 성공 포인트다.

마지막으로 셋째, '성과평가 및 피드백(evaluating & feedback)' 단계에서는 계획했던 성과목표와 실제의 성과를 비교 분석하여, 자신이 어느 정도로 성과목표를 달성했는지 평가한다. 평가 및 피드백을 받은 후에는 성과달성 과정에서 어떠한 요인들이 긍정적 또는 부정적 영향을 미쳤는지 추적해 리더에게 코칭을 받고, 향후에 성과목표를 설정할 때 반영하도록 한다.

여기서 반드시 유의해야 할 점은 자신이 설정한 성과목표는 본인이 속한 기관이나 단위조직(주로 팀 또는 과 단위)의 성과목표 달성을 위한 전략과 반드시 연계되어야 한다는 것이다. 자신의 성과목표를 조직의 성과목표와 연결시키고, 스스로가 성과목표 달성을 위한 창의적이고 혁신적인 전략과 방법을 수립하며, 이를 리더에게 코칭받고 자율적으로 실행하라. 그럴 때 진정 제대로 일하는 공무원, '공무원답게 일하는 공무원'이 될 수 있다.

자, 이제 제대로 일하는 공무원이 어떤 사람인지 감을 잡았는가? 그렇다면 이제 그러한 공무원이 되기 위해, 마음을 다잡고 구체적인 방법을 모색해보자.

'제대로 일하는 공무원'이 되기 위해서는 기존의 업무관행 중 불필요한 것이 있다면 몸에 익숙하더라도 과감히 버릴 줄 알아야 한다. 그리고 제대로 된 성과관리의 방식을 습득해야 한다. 그러나 몇 번 들어봤다고 해서, 조금 안다고 해서 모두 실행으로 옮길 수 있는 것은 아니니 긴장의 끈을 놓지 말아야 한다. 그 정도로는 흉내만 낼 수 있을 뿐, 결코 '공무원답게' 일한다고 볼 수 없다.

공무원답게 일하는 방식을 현장에서 실제로 활용할 수 있도록, 3부에서 우리는 체계적으로 세분화된 '성과관리 7단계 프로세스'를 살펴볼 것이다. 이 프로세스는 비전을 향해 달리면서 자신의 성과목표를 순차적으로 달성해나가도록 역량을 끊임없이 제고하는 자가발전기의 모습을 지향하고 있다. 공공기관을 움직이는 것은 결국 일선 공

도표 공무원답게 일하는 성과관리 7단계 프로세스

성과목표 설정
❶ 일에 대한 철학을 제대로 정립하라
❷ 일하기 전에 리더와 성과목표를 합의하라
❸ 타깃별 차별화 전략으로 성과달성 가능성을 높여라

성과목표 실행
❹ 월간 및 주간 업무추진계획을 목표달성전략으로 전환하라
❺ 당신이 먼저 성과코칭을 요청하라

성과평가 및 피드백
❻ 최종성과에 대해 냉정하게 피드백하라
❼ 비전을 중심으로 역량을 계발하라

무원들이고, 공무원의 역량이 공공기관의 실질적인 경쟁력이기에, 공무원 개인의 역량강화는 공공기관 성과관리에서 놓쳐서는 안 될 가장 중요한 부분이다.

이 7단계를 차근차근 밟아나가며 이를 역량으로 체질화할 때 비로소 지속적인 성과창출이 가능할 것이다. 대한민국 공무원이라는 자부심과 책임감을 갖고, 본격적으로 '성과관리의 7단계 프로세스'를 향해 발을 내딛어보자.

단계 1 | 일에 대한 철학을 제대로 정립하라

2010년 6월, 공공부문에 속한 어느 일선조직 기관장의 발언이 큰 파장을 일으켰다.

"그동안 부하직원들에게 실적주의를 강요한 것이 부끄럽다. 실적에만 매달리는 비참한 현실에 빠져들었다."

'실적주의'를 강요하는 조직문화를 통렬히 비판한 이 발언에 다른 공공부문의 기관장들은 전전긍긍하는 모습을 보였다고 한다. 실적주의에 지쳐 있는 조직구성원들의 사기를 저하시키지 않을까 염려했던 것이다.

이러한 모습을 지켜보면서 안타까운 마음을 금하기 어려웠다. '성과주의'와 '실적주의'의 개념을 애매모호하게 혼동하는 것도 그렇지만, 더욱 안타깝게 느껴졌던 것은 공무원 개개인이 맡은 역할의 본질, 자신이 수행하고 있는 공무(公務)의 진정한 의미를 깨닫지 못한 채 일반기업의 월급쟁이처럼 업무수행결과에만 집착하는 모습이었다.

주어진 일을 '다 했다'는 것과 그 일을 통해 본질적으로 추구하고자 하는 '가치를 창출했다'는 것은 의미가 전혀 다르다. 시킨 일을 정해진 기간 내에 다 한 것은 '실적'이다. 하기로 한 일을 끝낸 것은 기본이고, 그 일의 목적에 해당하는 본질적인 가치를 창출했을 때 비로소 우리는 '성과'를 냈다고 한다.

이처럼 일을 '주어진 과업을 수행하는 것'으로 생각하는 것과 '일을 통해 궁극의 목적을 달성하는 것'으로 생각하는 것은 큰 차이를 낳는다.

:: 일의 목적을 생각해본 적 있는가?

일을 대하는 마음가짐에 대해 좀 더 깊이 생각해보면, 일을 하는 목적을 크게 3가지 정도로 나누어볼 수 있다.

우선 첫 번째, 직장인들에게 '왜 일을 하느냐'고 물어보면 90% 이상은 '먹고살기 위해서'라고 답한다. 한마디로 일을 하는 목적이 '돈을 벌기 위해서', 즉 노동을 통해 경제적 대가를 얻기 위해서라는 것이다. 물론 노동을 통해 생계를 유지할 수 있는 경제적 수단을 얻는 것도 중요하다. 그러나 이것이 공무원이 궁극적으로 추구해야 하는 미션과 비전이라고 하기는 어렵다.

두 번째, 그렇다면 나머지 10%의 사람들은 왜 일을 할까? 그들은 자신의 일을 통해 한 분야의 대가(大家)가 되기 위해, 즉 '직업적으로 성공을 거두기 위해서'라고 답한다. 이들은 자신의 일에 대한 자부심과 직업의식이 대단히 투철하다.

투철한 직업의식을 가지고 일하는 사람은 소소한 일을 하나 하더라도 자신의 브랜드에 걸맞게 해내며, 어느 것 하나라도 허투루 하는 법이 없다. 자신의 일을 전문화해 한 분야의 대가가 되겠다는 열망이 이들을 이끌기 때문이다. 그래서 이들은 경력계발 비전이 분명하다. 돈은 일을 한 결과일 뿐, '자신의 분야에서 어떤 사람이 될 것인가' 가 명확하다.

일은 자아를 실현할 수 있는 기회다. 우리는 일을 통해서 자기의 재능과 개성을 마음껏 표출할 수 있다. 그러므로 자신이 가지고 있는 재능과 역량을 발휘할 수 있는 기회를 제공하는 '일'이 있다는 사실에 감사해야 하고, 최선의 노력을 경주해야 한다.

그러나 이것이 공무원이 궁극적으로 추구해야 하는 미션과 비전일까? 제대로 일하는 공무원들이 일을 바라보는 관점이라고 하기에는 무언가 2% 부족한 측면이 있다. 일반기업의 직장인과는 다른, '공무원'으로서 추구해야 하는 고유의 미션과 비전은 없을까?

일을 하는 목적으로 생각할 수 있는 나머지 하나는, 바로 일을 통해 자신이 속한 조직과 이해관계자, 더 나아가 사회에 '가치를 제공함으로써 기여하고자 하는 소명(召命) 의식'이다. 이러한 목적을 갖고 일하는 사람은 0.1%도 안 된다고 보통 이야기한다. 이 단계가 되면 일의 목적이 단순히 경제적 수단을 얻거나 직업적 성공을 거두기 위한 것을 넘어서게 된다.

일을 소명의 관점에서 바라보는 사람들은 무엇보다 미션이 분명하다. 미션이란 무엇인가? 자신의 고객 또는 자신이 속한 조직이나 사회에 기여하고자 하는 바를 구체화한 것이다. 미션이 분명한 사람은 자신이 조직에 기여하고자 하는 바가 뚜렷하다. 그리고 그것을 실현하기 위한 비전과 목표가 구체적이다. 공무원이라는 직업은 일반적인 직업과 다르게 일을 하는 목적이 미션중심으로 더욱 명확하게 설정되어 있어야 한다.

물론 일을 통해 생계를 유지할 경제적 수단을 얻고, 한 분야의 대가가 되는 것 역시 중요한 의미를 지닌다. 그러나 공무원으로서 가지는 일에 대한 철학이 단지 그 둘뿐이라면, 다시 한 번 생각해볼 필요가 있다. 아직은 많은 공무원들이 사회에 기여하는 자신의 일에서 진정한 행복을 느끼지 못하는 듯하다. 그러나 국가와 국민을 위해 가치를 창출하고 헌신해야 하는 공무원이라면, 국민이 기대하는 가치를 만들어가기 위해 일하는 목적을 먼저 명확하게 정립해야 한다. 목적이 바로 서지 못하면 사회적 가치, 즉 성과를 만들어낼 수 없다.

나아가 공무원에게 요구되는 소명의식은 여느 일반기업들의 구성원들의 소명의식과는 차이가 있어야 한다. 공무원이 하는 일은 그냥 '일'이 아니라 '공무'다. 공무원으로서 '공무를 수행한다'는 것은 '모든 국민과 사회에 공적인 가치를 새롭게 제공하는 일'이다.

공무를 수행하는 자신의 일에 대해 철학이 부족하고 미성숙하다면, 그 사람이 국민에게 올바른 공공의 가치를 제공할 수 있을까? 지식이나 직무스킬 등의 능력과 전략적 실행력인 역량이 아무리 풍부해도, 자신이 수행하는 일에 대한 철학이 없는 공무원은 성과를 달성할 기회를 부여받지 못할 것이다. 설령 부여받는다 하더라도 잘못된 길로 빠지기 십상이다.

공무원은 자신의 위치와 역할에 걸맞은 국가와 국민에 대한 투철한 사명감과 함께, 공공가치를 창조해내기 위해 옳고 그름을 명확하게 판단할 수 있는 철학을 갖춰야 한다.

언젠가 '제대로 일하는 공무원'을 만날 기회가 있어, 이런 질문을 던져보았다.

"많은 직업 중에서 왜 하필 '공무원'을 택했습니까?"

빙그레 웃으며 그는 이렇게 답했다.

"저도 가정을 꾸리고 있는 사람입니다. 경제적인 측면을 무시할 수는 없죠. 하지만 그것은 언제까지나 '수단'에 불과합니다. 뭘 해도 먹고야 못 살겠습니까. 제가 다른 직업이 아닌 공무원이라는 직업을 택한 목적은, 사람들의 삶의 질을 향상시키는 데 조금이라도 기여할 수 있는 가치를 실현하고 싶어서였습니다."

나는 그의 말을 잊을 수가 없다. 제대로 일하는 공무원이라면, 자신이 공무원으로서 일한다는 것이 국민을 고객으로 철저하게 섬기고, 존중하며 가치를 창출하는 것임을 잊지 말아야 한다.

최근 우리 사회를 보면, 실로 많은 사람들이 공무원이 되기 위해 피땀 흘려 노력하고 있다. 공직사회로서는 매우 고무적인 현상이다. 그러나 그 많은 사람들이 과연 국가와 국민을 위한 고객가치를 실현하려고 공무원이 되고자 하는 것일지를 생각하면 씁쓸할 때가 많다. 그보다는 시키는 일만 무난하게 처리하고 안정적인 보수를 받는 평생직장에 대한 욕심 때문인 경우가 더 많으니 말이다.

공무원은 투철한 사명감을 가지고 공인의 정신으로 국민의 고충을 처리해주는 사람, 소명의식을 가지고 책임 있는 자세로 새로운 고객가치를 창출해내는 사람, 윤리의식을 갖고 사회적 책임을 다하는 '경영자 정신'이 투철한 사람임을 잊지 말아야 한다.

일을 하는 목적이 무엇인지 치열하게 고민하고, 고민해보아라. 당신이 일을 하는 목적은 무엇인가? 먹고살기 위해서인가? 또는 자신의 일에 만족하기 때문인가? 아니면 일을 통해 이 사회에 무언가 기여하고자 하기 때문인가?

직장인들은 하루의 절반에 가까운, 아니 잠 자는 시간을 빼면 3분의 2가 넘는 시간을 직장에서 보낸다. 그렇다면 과연 그들은 직장에 대해 어떻게 생각하고 있을까? 대부분은 '자신에게 주어진 업무를 처리하는 사무적인 공간'으로만 생각한다. 이렇듯 제한적으로 생각하다 보니 '직장'이라는 단어를 떠올리기만 해도 일하면서 쌓이는 스트레스와 고달픈 조직생활이 떠올라 얼굴 표정이 굳어버리곤 한다.

'직장은 일을 처리하는 공간이다'라고 한정지어 생각하면 미치도록 다니기 싫은 곳이 되어버린다. 직장의 참된 의미를 깨닫지 못하면, 그토록 어렵게 들어간 직장에 출근하는 것이 전혀 행복하지 않다.

심지어 요즘에는 평생직장의 의미가 퇴색하면서 직장을 몸값 올리기 위해 거쳐가는 중간기착지 정도로 생각하는 사람들도 많다. 하지만 돈 많이 주고 편한 직장은 세상 어디에도 없을뿐더러, 설령 있다 손 치더라도 이런 곳은 개인의 성장과 발전을 감안했을 때 결코 좋은 직장이 아니다. '편한 곳'에서는 '발전'을 기대하기 어렵기 때문이다.

오히려 우리는 직장을 '성과'라는 가치를 창조하기 위한 '수련장'이자 '연수원'이라고 생각해야 한다.

학교가 우리에게 인생을 위한 최소한의 지식을 제공해주었다면, 직장은 삶의 기초를 배우고 자신의 재능을 발휘할 역량을 배우고 익히는 터전을 제공한다. 말하자면 종합적인 '삶의 학교'인 셈이다. 그러므로 직장은 자신의 역량을 계발하기 위한 자기계발의 도장이며, 우리가 하나의 완성된 인간으로서 성장하는 기초를 만들고 인격을 연마하는 '수련의 장'으로서의 역할을 한다. 아무리 돈을 많이 주는 풍족한 직장이라 할지라도, 자신의 역량을 키울 수 없는 곳이라면 직장의 의미는 퇴색되고, 미래에 대한 희망도 금세 없어져버린다.

직장이 당신에게 줄 수 있는 가장 큰 복지는 역량발휘를 위한 혹독한 수련이다. 그러므로 직장은 업무수행과정을 통해 많은 것을 배우고 익히는 곳이자, 이를 통해 자기성찰을 이룰 수 있는 곳으로서 인식해야 한다. 일하다가 어려운 일이 닥친다고 해서 적당히 피해 갈 생각일랑 절대로 하지 마라. 오히려 어렵고 복잡할수록 자기발전의 기회는 많아진다.

이는 대한민국 공무원도 결코 예외일 수 없다. 엄격한 근무환경 속에서 국가와 국민에게 제공할 고객가치를 위해, 그리고 자신에게 부여된 소명을 수행하기 위해 일을 통해 끊임없이 자신의 역량을 단련한다는 생각을 가져야 한다. 단순히 일을 생계수단으로, 직장을 자신의 '먹거리 충전소'로 여긴다면 국민들이 이를 결코 용인하지 않을 것이며, 본인이 원하는 성과도 달성할 수 없다.

앞서 말했듯, 제대로 일하는 공무원은 그 어떠한 사람보다도 자신에게 부여된 소명을 책임감 있게 수행하고 자신의 삶을 발전시키는 터전으로 생각하는 직장생활의 철학을 가지고 있어야 한다. 그렇게 해야 일을 하고 인생을 살아가는 데 있어 옳고 그름을 판단할 때 흔들리지 않고 꾸준히 성장해나갈 수 있다.

직장생활의 하루하루를 자신의 업무에 정진하고 자신의 역할과 책임을 깨닫는 역량향상의 시간으로 여기자. 그리하여 자신이 갖고 있는 강점을 더욱 발전시키고, 월간 또는 주간 단위로 자신의 역량향상 정도를 충실히 점검하여 부족한 부분을 어떻게 채워나갈지 심도 있게 고민하는 자세가 필요하다.

∷ 함께 일하는 동료를 '고객'으로 생각하라

독불장군처럼 행동하는 사람이 성공하는 경우가 세상에 얼마나 있을까? 단체운동경기를 보더라도, 스타플레이어가 많은 팀보다 개개인의 역량은 약간 부족하더라도 뛰어난 팀플레이를 보여주는 선수가 많은 팀이 승리를 거두는 경우가 많다. 화려한 개인기도 물론 중요하지만, 최종적으로 팀이 승리하기 위해서는 '팀워크'가 절대적인 비중을 차지한다. 이는 비단 경기장에서만 통용되는 이야기가 아니다. 일을 할 때도 마찬가지다. 일을 하는 데 가장 필요한 역량 중 하나는, 상하 간 또는 동료 간에 상호 협력하는 '팀워크'다.

언제부터인지는 모르겠지만, 우리는 옆에 있는 동료를 밟고 올라서야 하는 '경쟁자'로 의식하기 시작했다. 하지만 시야를 넓혀보면 주위의 동료들은 나의 경쟁자이기 이전에, 나의 성과를 완성시켜주는 중요한 '고객'이다. 그와 나의 성과가 비교당할 때도 많지만, 그가 도와주어 나의 성과가 창출될 때가 더 많지 않은가. 그러므로 제대로 일하는 공무원이라면, 일을 할 때 자기중심적인 사고에서 벗어나 철저히 고객 중심으로 사고하고, 행동할 수 있어야 한다.

이러한 측면에서 볼 때 '리더' 역시 나의 고객이다. 아니, '함께 일하는 동료'의 연장선상으로 생각할 때 자신이 속한 조직의 리더는 가장 중요한 고객이라 할 수 있다. 리더는 나에게 성과기준을 제시하고 업무를 바라보는 객관적인 시각을 제공해줄 뿐 아니라, 업무의 전반적인 과정을 총체적으로 코칭해주는 역할을 담당하고 있기 때문이다.

공무원은 누가 보아도 공정한 방법으로, 국민이 원하는 가치를 창출하고 공익을 추구해야 한다. 공무원의 직업적 특성상 자신보다도 자신의 고객인 국민과 국가를 먼저 생각하고 행동해야 하는 것이다. 국가의 녹을 먹고 사는 공무원임에도 불구하고 자신을 중심으로 생각하는 이기주의적 행태를 보인다면 국민이 원하는 가치를 창출할 수 없을뿐더러, 본인이 원하는 성과를 달성하기도 어려울 것이다.

이기적인 개인은 자신은 도움도 주지 않은 채 다른 사람으로부터 무조건 도움만 받으려고 한다. 또한 문제가 있는 제도나 시스템을 개선해 더 나은 성과를 창출하려 하기보다는 '괜히 번거롭게 만든다'며 혁신을 위한 여러 활동의 뒷다리를 잡는다든지, 변화하지 않으려고 거세게 저항하며 복지부동하는 습성을 보인다. 그렇게 불평불만을 늘어놓으면서 서서히 조직에 악영향을 미친다.

그러나 그래서는 안 된다. 공무원은 일반 직장인들보다 더욱 공정하게 성과를 추구해야 하고, 그러기 위해서는 자기 자신부터 이타적인 사람으로 변모해야 한다. 단순한 이타주의가 아니라, 자기 나름의 가치실현을 바탕으로 동료들과 함께 사회와 조직에 공헌하겠다는 '동료애'를 갖춰야 한다. 자신이 속한 조직의 목표와 동료의 이익을 우선으로 생각하고 무언가 도움을 주고자 할 때, 자신의 목표도 달성할 수 있고 이익도 성취할 수 있다.

그동안 우리 공무원은 고객 중심의 이타적 사고에 대해 배우고 생각할 겨를 없이, 기능 중심의 업무수행능력을 키우는 데에만 치중해왔다. 외형적인 실적을 좇는 정책을 표방하느라 개별 공무원들도 눈에 보이는 업무수행결과에만 치중하고, 눈에 보이지 않는 국민 중심의 가치실현에는 상대적으로 소홀했던 것이 사실이다. 하지만 언제까지 시스템과 제도 탓만 할 것인가? 이제 남 탓만 하며 자신의 삶을 부정적인 자기합리화로 채울 것이 아니라, 자신과 함께 일하는 동료, 즉 고객을 먼저 생각하는 이타적인 마음의 방을 마련할 필요가 있다.

우리의 업무환경도 점차 이타적인 사람만이 살아남을 수 있는 구조로 변화하고 있다. 업무환경이 점차 전문화, 세분화, 고도화됨에 따라 구성원들의 업무 또한 예전보다 잘게 쪼개지고, 좁고 깊게 파고들도록 요구받고 있다. 어떤 일을 맡았든 혼자 힘으로 모든 것을 해결해낼 여지가 점차 줄어드는 것이다. 때로는 업무와 관련된 동료의 도움을 얻고, 내가 동료의 업무를 위해 지원을 해줘야 하는 상황이다.

이제는 '내 목표와 성과뿐 아니라, 조직의 목표와 동료의 성과도 중요하다'는 마음가짐으로, 그들을 위해 일할 때 비로소 자신의 성과도 창출할 수 있다는 의식의 전환이 필요하다. 전체 조직이 지향하는 가치와 자신의 가치를 일치시켜 동료들과 협업하는 것이 궁극적으로 자신의 가치를 실현하는 길임을 명심하자.

:: CEO의 진정한 경영 파트너가 되어라

과거에 리더와 구성원은 매우 수직적인 종속관계였다. 그렇기 때문에 조직구성원들은 직장에서 제시하는 규범을 준수하면서 위에서 시키는 일만 잘하면 월급도 받고 고용도 보장되는, 암묵적인 종속적 거래관계 속에서 삶을 지탱해왔다. 단적인 예로 그들을 가리키는 '종업원', '월급쟁이', '부하직원' 등의 명칭은 모두 직장에 '고용'되었다는 주종관계를 내포하고 있다.

그러나 이제 시대가 바뀌었다. 종속적이고 수동적인 시각이 아닌, 보다 긍정적이고 능동적인 시각으로 일과 직장을 바라보아야 하는 시대가 도래한 것이다. 이러한 시각과 태도의 변화는 공공기관에서 근무하는 공무원에게 더욱 요구되는 자세이기도 하다.

공무원들에게 요구되는 새로운 자세는 크게 4가지로 나눌 수 있다.

첫째, 공무원들은 '월급쟁이'가 아닌, 부가가치를 창조하는 '사업가'가 되어야 한다.

아침에 출근하기 위해 집을 나설 때, 당신은 가족에게 어떤 인사를 건네는가? 혹시 "회사 다녀올게." "일 갔다 올게."는 아닌가?

내친 김에 오랜만에 친구나 지인들과 만나 명함을 주고받으며 어떻게 인사하는지도 한번 생각해보자. "너 요새 어디 다니냐? 나 ○○에 다닌다."라고 하는지, 아니면 "나 ○○에서 사업하고 있어."라고 하는지 되짚어볼 일이다. 어떤가?

직장생활하면서 '사업한다'고 자신을 소개하는 사람은 많지 않다. 그러나 이 소수의 사람들이 품은 생각의 차이는 실로 어마어마한 것이다. 직장에 다니고 있지만 '내 일이다', '내 사업이다'라는 마인드를 가진 사람과, '회사 일을 한다'는 마음을 가진 사람이 같은 자세로 일을 대할까? 결코 그렇지 않다.

얼마 전에 KT&G에서 강의하면서 남서울본부 관악지점에서 근무하는 김종석 영업팀장으로부터 아주 놀랍고 즐거운 이야기를 들었다.

몇 개월 전에 입사한 인턴 영업사원인 김환수 씨가 입문교육이 끝나고 나서 자신이 책임져야 할 지역을 배정받은 뒤, 떡을 해서 관할 판매점주들에게 개업 떡이라고 하면서 '잘 부탁드린다'고 인사를 했다는 것이다. 참으로 대단한 사내기업가가 아닐 수 없다. 보통 자신이 창업을 해야 개업인사를 하지, 직장에 소속된 영업사원이 개업인사를 하는 경우가 있는가? 담당지역을 배당받은 것이 자신이 개업이나 창업을 한 것과 진배없다는 발상이 참으로 놀랍고도 신선하다. 이 사원의 겉모습은 비록 직장에 소속된 월급쟁이지만 생각과 행동, 일하는 방식은 철저하게 사업가인 것이다.

일을 한다는 것은 단순히 업무를 수행한다는 뜻이 아니다. 조직은 단순하게 열심히 움직이는 사람보다, 어디서 무슨 일을 하든 '이 일은 내 일이다'라고 생각하며 사내기업가처럼 제대로 일해서 성과를 이루어내는 사람을 원한다. 그렇기 때문에 우리도 '일하러 다녀온다'는 수동적인 자세보다는 자신에게 주어진 업무를 통해 가치를 창조하고자 하는 사내기업가, 사업가, 경영자의 마인드를 가져야 한다.

일본이 낳은 대표적인 기업가이자 가장 존경받는 경영자 중 한 명인 이나모리 가즈오 교세라 회장이 말한 것처럼, 공무원도 이제 조직 안에서 자신의 성과를 주도적으로 경영하는 사업가로서 정체성을 명확히 할 필요가 있다. 국가로부터 성과책임을 부여받아 수행하는 사람으로서 자신이 누구인지, 어떤 마음으로 일할 것인지 명확히 깨달아야 성과를 내는 기초가 제대로 구축되었다 할 수 있을 것이다.

둘째, 단순한 업무 '관리자'가 되지 말고, 가치 '경영자'가 되어야 한다.

예전의 공무원들은 관리자로서 능률만 올리면 되었다. 주어진 일을 정해진 기간 내에, 정해진 규정에 따라 잘 수행하면 아무 문제 없었다. 성과목표를 구체화하고, 목표달성을 위해 전략을 수립해 실행계획을 세우는 일은 그들의 몫이 아니었다. 관리자의 업무는 자신에게 주어진 일을 얼마만큼 열심히, 많이, 능률적으로 처리했느냐 하는 것이었고, 이에 따라 평가를 받았다.

그러나 이제는 다르다. 요즘같이 국민의 요구가 세분화되고 다양화된 환경에서, 주어진 일만 처리해서는 결코 고객가치를 창출해낼 수 없다.

과거에는 수동적인 관리자들만 있어도 공공기관이 목표하는 바를 달성할 수 있었다. 심지어 '성과목표에 의한 자율책임경영'을 실현하는 공무원은 많이 필요하지도 않았다. 그들은 아주 소수였고, 일반 구성원들과는 애초부터 다른 뛰어난 사람으로 여겨졌다. 하지만 이제는 공공기관의 경영환경이 변화했고, 더 이상 단순 업무관리자가 발붙일 곳은 없다.

일전에 KT&G의 민영진 사장과 만나 현장중심의 자율책임경영을 통해 구성원 모두가 사내기업가처럼, 즉 조직의 업무가 마치 자기 사업인 것처럼 일하게끔 하는 방법에 대해 이야기를 나눈 적이 있다. 대화가 오가던 중, '자기 업무의 가치를 창조하고 경영하는 사람'과 '단순히 주어진 업무를 관리하는 사람'을 구분하는 민영진 사장의 명쾌한 기준을 듣고 탄복한 기억이 있다.

그는 조직에서 바람직하게 여기지 않는 구성원, 같이 일할 수 없는 구성원의 모습으로 4가지 유형을 제시했다. 첫째, 조직의 시너지에 방해가 되는 사람, 둘째, 있으나 마나 한 사람, 셋째, 냉소적으로 다른 사람의 뒷다리를 잡는 사람, 넷째, 자기 정체성이 불분명한 사람이었다.

조직의 시너지에 방해가 되는 사람, 냉소적으로 다른 사람의 뒷다리를 잡고 험담하는 사람은 팀워크에 문제가 있다. 또한 있으나 마나 한 사람은 고객가치를 창출하는 데 기여하지 못한다. 그리고 자기 정체성이 불분명한 사람은 본인에게 주어진 조직 내의 미션과 역할을 제대로 인식하지 못해, 자신에게 주어진 성과책임을 온전히 수행하지 못한다.

이것이 비단 일반기업만의 이야기일까? 그렇지 않다. 공공기관에서도 이런 이들은 적지 않다. '성과목표에 의한 자율책임경영'을 올바로 이뤄내기 위해서는 공무원 스스로 이런 모습을 지양해야 한다.

사람들은 흔히 공무원을 '안정적인 직장인'으로 바라본다. 그러나 공무원 스스로가 자신을 이런 식으로 정의한다면, 자신이 하는 일에 스스로 동기부여하기는 난망하다. '안정적인 직장에서 돈 버는 사람'이 국민에게 새로운 고객가치를 제공할 필요성을 느끼겠는가? 목표를 구체화하여 이를 달성하기 위한 전략과 계획을 수립하는 게 의미가 있겠는가? 그러기는커녕 자신의 역량을 계발할 필요성조차 느끼지 못한 채, 어떻게 하면 최소한만 움직여서 자리를 보전할 수 있을까 하는 관리자적 마인드로 흐르기 쉬울 것이다.

그러나 반대로 '경영자'의 마인드를 가진 공무원이라면 시간, 예산, 인력이라는 제한된 자원을 활용해 자신의 성과를 극대화하기 위해 최대한의 노력을 기울일 것이다. 국민에게 제공할 새로운 가치를 지속적으로 추구하고, 기관의 비전과 미션을 성취하기 위해서 필요하다면 기관장과 국장 등 고위간부층을 설득하는 일도 마다하지 않는 전략적 실행력을 보여줄 것이다.

셋째, 로봇처럼 시키는 일만 죽어라 하는 '종업원'이 아닌, 창의적인 생각과 아이디어로 무장한 '구성원'이 되어야 한다.

제대로 일하는 공무원이 되기 위해서는 종업원의 종속적인 위치에 머물러서는 안 된다. KT&G의 민영진 사장에게 '바람직한 회사와 구성원의 모습'에 대해 물은 적이 있다. 그랬더니 그는 한 치의 머뭇거림 없이 '구성원들이 주체가 되는 회사'라 답했다. 즉 구성원들 스스로가 주체의식을 가지고 자신의 업무를 자발적으로 수행한다는 의미다. 스스로가 경쟁력을 갖고, 함께 일하는 동료들을 마치 내 가족처럼 대해야 한다는 그의 이야기에 깊이 동감하였다.

우리 공무원들도 이제는 스스로가 공직사회의 주체이자 고객가치를 실천하는 '가치전파자'라는 생각을 확고히 갖고, 보다 적극적으로 창의적인 아이디어를 제안하고 실천해야 한다. '종업원'이 아닌 '구성원'들이 주체가 되는 조직을 만드는 첫걸음은 모든 구성원들이 스스로 자기경영자(Self-CEO)가 되는 것이다. 자신의 행동이 기관을 위하고 부서를 위하고 다른 구성원들을 위한다면, 남의 눈치 보지 말고 주저 없이 실행하는 주인의식이 요구된다.

넷째, 무엇보다 업무성과에 대한 경영을 믿고 맡길 수 있는 '경영 대리인' 또는 '경영 파트너'로서 당당히 자리매김해야 한다.

앞의 3가지 자세를 모두 갖추었다면, 이제는 국민 접점에서 기관장이 믿고 맡길 수 있는 '자기성과 경영자'로 거듭나야 한다. 그리하여 기관장의 권한을 위임받아 현장을 경영할 수 있는 '경영 파트너'로서의 입지를 구축하는 것이 남겨진 과제다.

경영 대리인으로서 임무와 역할을 수행하려면, 자신이 권한위임을 받을 만한 역량을 갖추고 있음을 스스로 증명해야 한다. 기관장의 '경영 파트너'로 불리기 위한 핵심 열쇠는 상위조직의 리더가 아니라 스스로가 쥐고 있는 것이다. 결국 권한위임의 문제는 다른 사람이 아닌, 공무원 개개인의 역량과 관련된 문제라고 보아야 한다.

기관 또는 상위조직의 경영 파트너로서 스스로가 당당해지기 위해서는, 수직적 관계의 부하직원이 되지 말고 수평적으로 함께 논의할 수 있는 파트너가 되도록 성장해야 한다. 그러려면 무엇보다도 자신의 관점이 아닌 조직과 고객의 관점, 나아가 미래의 관점에서 조직의 일을 생각하고 의사결정하는 습관을 기르는 것이 중요하다 할 것이다.

그렇다면 CEO의 진정한 '경영 파트너'가 되기 위해서 공무원 개개인이 갖추어야 할 조건에는 어떤 것들이 있을까?

첫째, 조직의 업(業)의 본질과 자신의 업의 본질에 대해 명확하게 이해하고 실천하는 사람이 되어야 한다. 조직의 업이란 조직이 존재하는 이유, 우리 조직이 왜 이 일을 수행하는지에 대한 사명으로서, 시공을 초월하여도 변하지 않는 기본 속성을 의미한다.

우리가 업의 본질을 꿰뚫어야 하는 이유가 바로 여기에 있다. 조직의 근간이 되는 업의 본질에 대한 충분한 이해 없이 단순히 주어진 일을 하는 데 급급하다면, 미래에 다가올 환경변화에 능동적으로 대처하지 못해 위기에 처할 가능성이 크기 때문이다. 그러므로 조직과 본인의 업을 명확히 인식하고, 이를 실현하려는 개인의 노력이 반드시 뒷받침되어야 한다.

둘째, 스스로 조직과 일에 열정적인 사람이 되어야 한다. '조직은 조직대로, 나는 나대로'가 아니라 조직의 발전과 나의 발전을 한 방향으로 일치시킴으로써 조직의 목표와 가치를 수용하려는 자세가 필요하다.

공직에 들어온 첫 해에는 어떠한 일이든 해낼 수 있다는 자신감으로 일에 몰두했으나, 시간이 흐르면서 열정과 몰입도가 떨어지는 경우를 종종 보아왔다. 그렇게 된 데는 여러 가지 이유가 있겠지만, 자신의 다소 이기적인 욕심 때문은 아니었는지도 생각해보아야 할 것이다. 직무에 몰입하는 것은 개인 차원의 문제일 뿐 아니라 조직 차원의 문제도 되는 것임을 간과해서는 안 된다. 그러므로 조직에 대해 애착을 가지고 자신의 일에 열정적으로 몰입하고, 이를 통해 자신의 성과와 조직의 성과를 더불어 창출하려는 자세가 필요하다.

셋째, 건강해야 한다. 이는 신체적 건강뿐 아니라 정신적으로도 건강하다는 의미를 담고 있다. 정신적으로 건강하다는 것은 건강한 가치관을 갖고 있어 능동적으로 목표를 설정하는 '긍정적 마인드'를 견지한다는 것을 뜻한다. 자신이 부여받은 목표의 수준이 높고 낮음을 탓하지 않고, 이를 달성하기 위해 창의적이고 혁신적인 전략을 고민하는 태도, 이것이 곧 우리가 지향해야 할 '긍정적 마인드'다.

이런 맥락에서 건강한 정신을 가진 사람은 본질적으로 도전적이고 이타적이다. 주어진 업무목표에 만족하지 않고 더 높은 목표에 도전하고, 자기 자신만 생각하지 않고 함께 일하는 동료를, 자기 업무보다는 상위조직의 업무를 먼저 생각하는 사람이다.

넷째, 정직해야 한다. CEO의 경영 파트너로서 신뢰를 얻기 위해서는 정직함이 필수다.

여기서 말하는 정직의 의미란 자신이 약속한 것을 지키는 '신의'를 그 첫 번째로 들 수 있다. 신의에는 업무수행에 대한 책임감도 포함될 것이다.

두 번째는 업무수행에 대한 객관적인 사실과 주관적인 가치판단을 명확하게 구분하는 '판단력'이다. 하고 있는 일에 대한 객관적인 사실은 제대로 파악하지 못한 채 자신의 주장만 내세우고 있다면 업무상 정직하지 못하다는 평가를 받을 수밖에 없다. 실제로 우리 주위에는 객관적인 사실을 자신의 주관적인 판단으로 왜곡하여 보고하는 바람에 CEO가 올바른 의사결정을 하는 데 걸림돌이 되는 사태가 심심치 않게 일어난다.

다섯째, 성과를 제대로 경영할 수 있어야 한다. 진정한 CEO의 경영 파트너로 인정받기 위해서 이는 무엇보다도 중요한 조건이다. 성과를 지속적이고 반복적으로 달성하는 공무원은 업무를 수행하기 전에 자신이 업무수행을 통해 본질적으로 달성하고자 하는 성과목표가 무엇인지, 조감도의 형태로 입체적으로 그릴 수 있다.

조감도를 제대로 그리기 위해서는 핵심성과지표(KPI)를 설정하고 그 달성수준을 구체적인 수치로 제시해야 한다. 그래야 그 목표에 맞게 업무를 수행했는지 평가할 수 있다.

이때 잊지 말아야 할 것이 있다. 성과목표를 달성하기 위한 전략을 세울 때는 기존의 업무수행계획과는 다르게 구체적인 세부 전략과제를 타깃으로 설정하고, 타깃별로 차별화된 세부 실행계획을 구체화해야 한다. 세부 실행계획을 창의적이고 혁신적으로 수립해야 의도했던 성과를 달성하는 로드맵을 완성할 수 있다.

많은 사람들이 일을 시작할 때, 성과목표를 먼저 구체화하기보다는 '일단 하고 보자'는 식으로 일에 덤벼들곤 한다. 아마 '계획 세우다 볼일 다 보겠다, 우선 실행부터 하고 보자'는 식의 사고가 우리 사회에 팽배해 있어서가 아닐까 한다. 그러다 시간이 어느 정도 흐른 후에야 어디로 가야 할지, 어떻게 가야 할지, 얼마만큼 가야 할지 몰라 주저앉아버린다. 그러고는 '누군가 알려주겠지' 하고 그 자리에 눌러앉고 만다.

제대로 일하는 공무원은 결코 이러는 법이 없다. 성과목표를 지속적이고 반복적으로 달성한다는 것은 결국 '일머리'가 남다르다는 이야기다. 자신이 달성해야 하는 성과목표를 마치 미리 달성해본 듯 눈에 선하게 그려낸다. 나아가 그들은 성과달성에 대한 의지뿐 아니라 주어진 시간과 예산 등을 적절하게 배분하고 실행하는 역량도 뛰어나다.

일이 진행되는 과정만을 중시하고, 미래에 뭔가 이뤄질 것이라는 막연한 기대감으로 일하는 것은 냉정하게 말해서 시간 낭비, 돈 낭비다.

‘제대로 일하는 공무원’은 업무수행의 본질인 최종목적에 초점을 맞추고, 이를 실현하기 위한 전략을 구체적으로 세우고 실천한다. 따라서 우리도 항상 미래에 되고자 하는 모습에 대해 구체적으로 그려보고, 자신의 성과목표를 달성하는 데 긍정적인 영향을 미치는 요인과 부정적인 영향을 미치는 요인을 분석하여 구체적인 실천계획을 수립하도록 노력해야 할 것이다.

일하기 전에 리더와 성과목표를 합의하라

공공기관의 성과관리는 매년 10~12월경, 예산을 수립하는 것과 함께 자신이 내년에 달성해야 할 목표를 설정하고, 상사인 국장이나 팀장, 과장의 검토를 받아 기관의 성과관리를 담당하는 기획부서나 조정부서에 제출하는 것에서부터 시작된다.

그런데 이 과정에서 종종 문제가 생긴다. 자신이 속한 조직의 비전이나 중장기 목표를 고려해서 성과목표를 수립하는 워크숍이나, 리더와 구성원들이 성과목표 달성전략을 의논하는 과정이 부족한 경우가 허다한 것이다.

논의과정이 미흡하면 어떤 일이 벌어지는가? 조직과 개인의 성과목표가 전략적으로 연결되지 못하는 사태가 발생한다. 치열한 논의 없이 기계적으로 조직 전체의 성과목표를 구성원별로 할당하거나, 개인의 목표를 합쳐서 조직의 목표로 설정해 버리는 것이다. 아마 이런 경험이 한두 번씩은 있을 것이다. 이렇게 해서는 개인의 성과목표는 물론이요, 소속 조직과 기관의 성과목표를 제대로 달성할 수 없다. 담당자가 자신의 업무를 아무리 열심히 수행한다 하더라도, 조직이 지향하는 목표와 연계성이 떨어질 수밖에 없기 때문이다.

  그렇다면 자신에게 부여된 성과목표를 제대로 달성하는 공무원이 되기 위해서는 어떻게 해야 할까? 성과목표를 설정할 때부터 자신에게 왜 그러한 목표가 부여되었는지, 또 왜 그러한 목표를 달성해야 하는지 목적과 본질을 명확히 꿰뚫고 있어야 한다. 그리고 성과목표를 달성하기 위한 전략을 객관적인 데이터를 바탕으로 수립해 실행 가능한 방법을 찾아내야 한다. 나아가 이렇게 수립한 자신의 목표달성전략과 방법에 대해 리더와 사전에 합의해, 리더가 원하는 성과목표와 실행책임을 맡은 자신의 목표달성전략과 방법이 전략적으로 연계되는지 확인하는 것이 매우 중요하다.

  그럼에도 불구하고 최근 조사에 따르면, 자신이 달성해야 할 성과목표인 전략과제, 핵심성과지표, 수치목표를 개인이 혼자서 설정하는 경우가 여전히 많다고 한다. 이러다 보니 일부 개인들은 조직의 목표수준은 아랑곳하지 않고 달성하기 쉬운 전략과제, 평가하기 쉬운 핵심성과지표, 낮은 수준의 수치목표를 아무렇지도 않게 수립하고 제출한다. 참으로 부끄러운 일이 아닐 수 없다.

그렇다면 성과목표는 어떻게 설정하는 것이 좋을까? 성과목표를 설정하는 데 중요한 것은 신뢰성과 타당성 그리고 납득성이다.

수립된 성과목표가 측정 가능하고 예측 가능하며 조감도의 형태로 형상화할 수 있을 만큼 신뢰할 만한 것인지, 자신의 성과목표가 소속 부서의 성과목표와 어느 정도 전략적 연계성을 가지고 있는지 그 타당성을 따져봐야 한다. 그리고 설정된 성과목표가 자신의 창의적인 아이디어와 자율적인 실행력을 발휘하면 충분히 달성 가능한 것인지 하는 실행 가능성과, 자신에게 실행방법을 선택할 의사결정권이 주어져서 자신의 행동을 스스로 통제할 수 있는지 하는 납득성을 함께 고려해야 한다.

특히 리더가 원하는 성과목표와 실행책임을 맡은 자신의 목표달성 전략과 방법에 대해 리더와 본인이 '사전'에 '합의'하는 것이 매우 중요하다.

연간 성과목표나 과제에 대한 성과목표를 실행하기에 앞서 리더와 그 구체적인 방안을 전략적으로 합의하는 과정을 통해 자신의 성과 책임을 실현하기 위한 본연목표를 구체화하고, 개인을 떠나 소속 기관과 단위조직의 연간목표를 달성하기 위해 본인이 일정 기간 내에 기여해야 하는 전략목표도 설정할 수 있기 때문이다.

이렇듯 구성원 개인과 리더가 성과목표를 전략적으로 사전에 합의하는 단계는 다음과 같이 크게 4단계로 정리해볼 수 있다.

일하기 전에 리더와 성과목표와 전략을 합의하라

❶ 업무를 계량화하여 소속 조직의 성과목표를 구체화하라.

❷ 소속 조직의 목표달성을 좌우할 전략과제를 도출하라.

❸ 목표가 달성된 상태를 사전에 시각적으로 이미지화하라.

❹ 측정 가능하고 예측 가능한 핵심성과지표와 목표수준을 개발하라.

성과목표와 달성전략을 리더와 구체적으로 설정하고 합의하는 과정이 왜 필요한가? 독수리처럼 날카로운 리더의 직관력과 통찰력을 빌려 성과목표를 보다 구체적으로 계량화하고, 소속 조직의 목표와 전략적 연계성을 높이기 위해서다. 즉 리더와 사전에 합의하는 과정을 통해 자신의 성과목표가 소속 조직의 성과목표와 어떻게 연계되어 있는지, 그리고 자신의 첫 번째 고객인 리더의 구체적인 요구사항을 제대로 반영했는지 다시 한 번 명확하게 파악하는 계기를 마련할 수 있다. 그리고 성과목표를 달성하는 데 가장 중요한 핵심성공요인과 예상장애요인을 찾아내고, 자신이 가지고 있는 한정된 자원을 어떻게 효과적으로 운영할 것인지 논의함으로써, 궁극적으로 자신에게 부여된 성과목표의 실현 가능성을 높일 수 있다.

그렇다면 어느 시점에서 자신의 성과목표를 리더와 합의하는 것이 좋을까? 과제를 수행하기 전, 연간 사업목표를 실행하기 전, 월간 단위로 목표를 실행하기 전 등, 업무를 수행하기 '전'에 하는 것이 바람직하다. 성과목표를 달성하기 위해 자신이 공략해야 할 구체적인 아웃풋 이미지를 출발 전에 미리 리더와 협의하면, 공략해야 할 타깃이 무엇인지, 목표에 영향을 미치는 다양한 변수는 어떤 것들이 있는지 등을 파악할 수 있기 때문이다. 또한 필요한 권한을 위임받을 기회가 많아져 목표달성 가능성도 자연스럽게 높아진다.

또한 리더와 성과목표 및 달성전략을 사전에 합의하는 과정을 통해 우리는 성과물을 생생하게 형상화할 수 있다. 리더와의 사전 점검으로 자신의 성과목표에 대한 '청사진'을 조감도의 형태로 명확하게 그려보게 되는 것이다.

그렇다면 리더와 함께 전략과제를 선정하는 프로세스는 어떻게 되는가? 성과목표를 명확히 하고, 소속 조직이 목표를 달성하기 위해 공헌해야 할 전략과제는 다음의 4단계 프로세스로 구체화된다.

1. 업무를 계량화하여 소속 조직의 성과목표를 구체화하라

리더와 성과목표를 합의하기 위해서는 먼저 소속 조직인 팀이나 과의 전년도 성과를 분석한다.

이때 유의해야 할 점은 객관적인 수치에 근거해 분석해야 한다는 것이다. 예를 들어 '민원신청 온라인화'라는 전략과제의 전년도 성과를 분석한다고 해보자. 가장 먼저 할 일은 '민원신청 온라인화'의 핵심성과지표인 '온라인 신청 가능 민원 총수'를 달성하기 위해 전년도 성과에 결정적인 영향을 미쳤던 다양한 요인들을 세분화하는 작업이다. 그리하여 조직 전체의 성과에 대해 사전 조감도를 명확히 그리고, 이를 바탕으로 공략할 타깃을 구체화해야 한다.

아래의 예시에서 보면, 온라인으로 처리 가능한 민원을 늘리기 위해서는 우선 사용이 가장 많은 상위 100종의 민원서비스 중 온라인 서비스가 제공되지 않는 것이 무엇인지 먼저 파악해야 한다는 것을

도표 전략과제 '민원신청 온라인화'의 정량적 분석

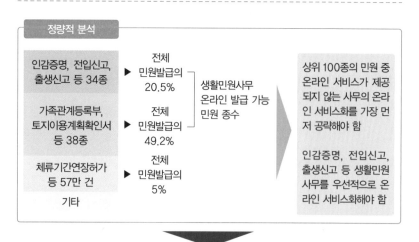

알 수 있다. 그 결과 인감증명, 전입신고, 출생신고, 가족관계등록부, 토지이용계획확인서 등을 온라인으로도 발급이 가능하도록 핵심성과 지표를 기존의 '온라인 신청 가능 민원 총수'에서 '생활민원 중 온라인 발급 민원 총수'로 구체화해야 한다는 것을 알 수 있다.

정량적 성과분석을 우선적으로 실시하는 목적은, 소속 조직의 중기목표의 달성 정도를 확인하여 성과가 좋은 지표와 부진한 지표를 구분함으로써 성과달성에 걸림돌이 되는 문제와 근본원인을 찾기 위해서다. 성과창출에 긍정적 혹은 부정적 영향을 미치는 요인들이 향후 성과향상에도 지속적으로 영향을 미치는지, 아니면 지난 성과에만 일회적으로 영향을 미친 것인지를 판단해서 차기 연도 성과목표 달성전략에 반영하기 위함이다.

잠시 머리를 식히기 위해 프로야구 이야기를 해보자. 객관적인 사실을 분석하여 자신의 전략을 구체화하는 사례는 프로야구에서도 쉽게 찾아볼 수 있다.

선동렬 감독과 이승엽 선수가 일본에 진출했을 당시의 일이다. 두 선수 모두 진출 초기에는 상당한 성공을 거두었으나, 이내 슬럼프에 빠졌다. 왜 그랬을까? 한국야구에서는 데이터에 근거한 선수분석과 전략수립이 최근에서야 활성화되었지만, 일본은 이미 오래전부터 데이터 분석을 통한 선수의 역량분석과 전략수립이 보편화되어 있었다. 선동렬 감독과 이승엽 선수가 일본에 진출했을 때도 불과 1개월 만에 데이터를 분석하여 그들의 약점을 찾아내었다. 투구내용과 타격에 대한 내용 등을 데이터에 근거하여 빠짐없이 분석하고, 이를 경기 운영전략에 활용하는 객관적이고 과학적인 '데이터 야구'의 진수를 보여준 것이다. '지피지기면 백전백승'이라는 말이 있다. 적이 나를 아는데 쉽게 이길 도리가 있겠는가.

팩트(fact)를 분석하는 힘은 2009년 세계야구대회 WBC에서도 발휘되었다. 2008년 베이징 올림픽에서 우리나라가 일본을 격파하는 데 견인차 역할을 한 것은 류현진 선수와 김광현 선수였다. 그러나 '일본 킬러'라는 별명이 무색하게, 김광현 선수는 WBC 대회 1차전에서 일본에게 콜드게임이라는 수모를 당했다. 베이징 올림픽이 끝난 지 몇 개월 만에 일본야구 대표팀은 김광현의 투구수와 구질, 상황별 투구내용에 대해 완벽히 분석을 끝낸 것이다. 그들은 이를 근거로 WBC 1차전에서 약점을 집요하게 공격하여 승리를 거두었다. 정량적 데이터 분석이 얼마나 중요한 것인가를 입증해주는 좋은 예다.

그러나 일반적으로 우리가 공공기관이나 소속 조직의 성과목표를 설정할 때, 객관적인 사실에 의한 과학적 분석절차 없이 '감(感)'에 의해 직관적으로 확정하거나 과거 실적에서 몇 퍼센트 상회하는 수준으로 확정하는 경우가 적지 않다. 또한 연간 사업계획을 수립할 때도 과거실적 위주로 점검하고 수립하는 경우가 많다고 하니, 문제의 심각성을 알 수 있다. 이러다 보니 성과목표 달성 과정에 대한 구체적인 분석이 당연히 부족하고, 성과부진이나 초과에 대한 원인을 밝혀내는 것 또한 미흡할 수밖에 없다.

전년도 성과를 객관적 사실에 의해 분석하는 것은 당해 연도 성과목표를 달성하는 전략과제를 도출하기 위한 것이기도 하지만, 성과목표를 부여하는 리더와 성과목표를 실행해야 하는 실무자 사이에 사전에 충분히 공감하기 위한 것이기도 하다. 서로가 공감하려면 성과목표는 청사진처럼 생생하고 세밀하게 묘사되어야 한다. 이렇게 설정한 청사진은 자신의 업무수행을 기준으로 목표를 달성하는 데 길을 잃지 않게 이끌어주는 향도(嚮導)가 된다.

업무를 계량화하여 조직의 성과목표를 구체화했다면, 그다음으로는 기관의 중장기 목표와 구성원의 역량, 당해 연도의 경영환경을 고려하여 전략과제를 도출하거나 수정하는 작업을 해야 한다.

소속 조직의 비전과 전략을 실행하기 위해 현재의 성과수준을 분석해서 문제점을 발견하고 전략과제를 도출하는 과정이 곧 소속 조직의 성과목표를 구체화하는 단계다. 이때 기존의 성과지표 대시보드를 점검해서 불필요한 성과지표를 제거하고, 전략과제를 수정하여 도출된 신규 성과지표를 추가하고, 전체적으로 성과지표를 업데이트하게 된다. 또한 미래환경을 예측하여 성과지표의 중장기 수치목표를 다시 설정하는 일도 이루어진다.

이렇듯 객관적인 사실을 근거로 소속 조직의 성과목표를 구체화했다면, 그 목표를 달성하기 위해 자신이 책임지고 공헌해야 할 전략과제를 도출할 차례다.

전략과제는 자신이 맡고 있는 성과책임업무의 성공 여부를 판단할 수 있는 가장 중요하고 근본적인 핵심성공요인이자, 성과달성을 위해 중점적으로 견지해야 할 방침이다. 또한 당해 연도에 가장 중요한 성과책임업무를 무엇을 통해 수행했는지를 판단할 때 그 '무엇'에 해당되는 것이기도 하다. 그래서 전략과제는 '핵심성공요인(CSF)', '평가항목', '업무방침', '전략적 방향' 등으로 불리기도 하며, 업무수행의 방향을 제시하는 역할을 한다.

개인의 전략과제는 그 전제가 되는 성과책임업무가 어떤 과정을 통해 도출되었는가에 따라 각각 전략과제, 본연과제, 공헌과제로 구분된다.

전략과제는 단위조직인 과나 팀의 성과목표를 달성하기 위해 전략적으로 자신에게 할당된 과제를 말하며, 본연과제는 자신이 성과책임을 맡고 있는 업무에 대해 본연목표를 달성하기 위해 스스로 도출한 과제를 말한다. 아울러 공헌과제는 타 단위조직, 타 구성원의 성과목표 달성에 공헌하기 위해 주어진 과제를 말한다.

전략과제 : 기관 또는 상위조직의 성과목표 달성과 연계된 과제

본연과제 : 개인의 성과책임에서 비롯된 과제

공헌과제 : 타 부서 혹은 타 구성원의 성과목표와 연계된 과제

그렇다면 개인 차원의 전략과제를 도출하려면 어떻게 해야 할까? 다음과 같은 질문에 대해 스스로 대답해보면 유용한 팁(tip)을 얻을 수 있을 것이다.

- 이 전략과제로 내가 성과책임업무를 성공적으로 달성했는지 여부를 판단할 수 있는가?
- 이 전략과제는 우리 팀이나 과의 성과목표와 전략적으로 연계되어 있는가?
- 이 전략과제를 통해 실제 성과창출이 가능한가?
- 이 전략과제는 개인 차원에서 통제할 수 있는가?
- 이 전략과제는 내가 직접 실행할 수 있는 것인가?

이러한 질문에 '그렇다'고 확답할 수 있어야 비로소 올바로 도출된 전략과제라 할 것이다. 아울러 전략과제는 내부고객과 외부고객이 갖는 기대, 사업목표, 이용 가능한 자원, 내가 보유한 역량 등을 충실히 반영하도록 한다. 그런 다음 팀 회의나 워크숍, 리더인 팀장 또는 과장과의 면담 등을 통해 최종적인 자신의 전략과제를 도출하도록 한다.

3. 목표가 달성된 상태를 사전에 시각적으로 이미지화하라

목표가 달성된 상태를 사전에 시각적으로 이미지화한다는 것은 무슨 뜻일까?

성과목표를 그저 '숫자'의 틀 속에만 가두지 말고, 목표가 달성되었을 때의 상태, 조건 등을 미리 명확하게 그려보라는 의미다. 스스로 그려보기도 하고, 글로 써보고, 다른 팀원들과 이야기하며 시뮬레이션하는 과정에서 우리는 자신의 목표에 대해 구체적이고 적극적으로 공감하게 된다.

이렇게 성과목표에 대해 이해하고 스스로 디자인하고 설명하여 파노라마처럼 눈에 보이게 생생하게 만드는 것을 '계량화' 또는 '형상화'라고 한다. 자신이 성과목표를 달성하기 위해서는 무엇(what/who)을 대상으로 타기팅해야 하는지, 어느 정도로(how much) 자신의 성과목표 수준을 달성할 것인지, 그리고 정해진 목표를 어떻게(how-to) 달성할 것인지에 대한 전략과 방법을 고민해야 한다.

예를 들어 기관에서 '주민 생활 서비스 지원 200건'을 달성하는 것을 목표로 설정하고 이를 수치화했다고 하자. 분명히 측정 가능한 지표이며, 목표수준인 200개도 수치화했기 때문에 목표로서 합당하다고 생각하기 쉽다.

그러나 간과하지 말아야 할 것이 있다. '200건'이라는 목표수준을 과연 '어떻게' 설정했느냐 하는 것이다. 200건이라는 목표수준을 구성하고 있는 세부 구성요소들을 사전에 명확하게 그림으로 그려보고, 자신의 열망과 생명력을 담아서 생생하게 조감도로 나타냈는가?

이 말은 구체적으로 어떤 항목으로, 어느 지역에 있는 주민들에게 구체적으로 몇 건을 지원할 것인지가 사전에 명확하게 계획되어야 한다는 의미다. 만약 '열심히 하다 보면 200건은 되겠지' 하는 막연한 생각으로 설정했다면, 이는 성과목표가 아니라 그저 입안에서만 맴도는 생명력 없는 실적목표에 불과하다. 생명력이 없는 목표는 달성해야겠다는 의지도 약하기 때문에, 그만큼 달성하기 어렵다는 것은 두 말할 필요도 없을 것이다.

이처럼 우리는 목표에 대한 평가지표와 측정지표만을 생각하고 정작 자신이 도달해야 하는 궁극적 목적지는 까맣게 잊어버려서, 시작하기도 전에 목적지를 놓쳐버리는 실수를 종종 범한다.

한 가지 예를 더 들어보자. 만약 기관의 직무인력을 양성한다면 어떤 목표를 설정하는 것이 좋을까? 단순히 직무교육 대상을 교육하기 위한 내용이나 횟수를 나열하는 것이 아니라 학습내용과 강사, 교재

구성, 시간운영 계획, 교육장소, 과정 후 평가결과의 활용 등 모든 요소를 구체적으로 고려해야 한다. 그래서 실제로 직무인력을 양성했을 때의 아웃풋 이미지를 생생히 묘사해 업무 프로세스를 수립하는 것이 바람직하다. 나아가 당해 연도에 직무인력을 양성하고자 하는 목적이 무엇인지 명확히 하고, 이를 단순히 수치화해 목표로 삼기보다는 직무인력을 양성해 본질적으로 달성하고자 하는 목적을 핵심성과지표로 설정한다면 더할 나위 없이 좋은 목표가 될 것이다.

정리해보자. 자신이 달성해야 하는 목표를 맹목적으로 실행하기보다는, 가능성이 높은 방법으로 전략적으로 실행해야 한다. 이를 위해서는 성과목표가 달성된 상태를 사전에 시각적으로 이미지화하는 것이 가장 중요하다.

만약 이 과정이 어렵다고 느껴진다면, 다음과 같이 성과를 극대화하기 위한 4가지 핵심질문을 스스로에게 던져보라. 그 답을 찾아보는 과정에서 많은 도움을 얻을 수 있을 것이다.

첫째, '누구'를 대상으로 전략을 실행할 것인가?

이는 '대상'에 대한 고민을 담은 질문이다. 성과를 달성하기 위해서는 자신의 업무를 중심으로 생각하는 것이 아니라 자신이 소속된 기관이나 조직의 고객인 국민을 새로운 관점에서 세분화하고, 고객의 새로운 니즈를 발굴하여 목표고객층을 명확히 해야 한다.

둘째, 고객에게 '어떤' 가치를 제공할 것인가?

대상을 물었다면, 그다음에는 '제공하고자 하는 가치'에 대해 생각해봐야 한다.

앞서 설명한 대로 비교적 쉽게 할 수 있는 서비스를 제공하는 것이 아니라, 자신의 업무를 통해 제공해야 하는 가치를 고객관점에서 새롭게 정의하고, 이를 바탕으로 한 서비스를 구상해야 한다.

셋째, 고객에게 효용성 있는 가치를 '어떻게' 제공할 수 있을 것인가?

고객에게 가치를 효율적으로 전달하기 위해 자신에게 주어진 시간과 예산, 역량을 어떻게 효율적으로 사용할 것인가? 이에 대해 자신의 역량에 근거한 창의적이고 혁신적인 전략을 동원해 차별화된 방법으로 제시해야 한다. 아울러 부족한 자원은 어떻게 조달할지도 함께 고민할 필요가 있다.

넷째, 이 성과목표를 '왜' 다른 목표에 우선하여 설정하고 실행해야 하는가?

이는 성과목표의 당위성을 얻기 위한 질문이다. 위의 3가지 질문에 대해 논리와 근거를 명확히 하고, 리더인 과장이나 팀장과 합의를 이끌어내 당위성을 확보해야 한다.

4. 측정 가능하고 예측 가능한 핵심성과지표와 목표수준을 개발하라

성과목표에는 소속 조직의 목표달성을 위해 자신이 공헌해야 하는 '전략목표'와, 자신의 성과책임을 다하기 위해 우선적으로 달성해야 하는 일상 업무목표인 '본연목표'가 있다.

여기서 본연목표란 소속 조직이 존재하는 목적에 따라 고유하게 수행해야 하는 일상업무 가운데 자신이 성과책임을 맡고 있는 목표를 의미한다. 그리고 전략목표는 상위조직의 리더가 올해 가장 중점적으로 추진해야 하는 성과목표를 전략적으로 배분하고 합의한 과제목표를 의미한다.

자신의 성과목표가 제대로 설정되었는지를 판단하고자 할 때는, 다음과 같이 크게 3가지 측면에서 정당성을 확보했는지 가늠해보면 된다.

첫째, 자신의 성과목표가 '신뢰성'을 확보하고 있는지 살펴보아야 한다.

한마디로 내가 세운 목표가 누가 봐도 믿을 만해야 한다는 것이다. 믿을 만하다는 것은 무엇인가? 성과목표 달성도를 객관적으로 측정할 수 있고, 성과목표를 달성한 결과를 어느 정도 사전에 예측할 수 있다는 뜻이다. 측정 가능성과 예측 가능성의 면에서 바람직한 직무수행 기준인지 살펴본다면 신뢰도 높은 기준을 설정할 수 있을 것이다.

둘째, 자신의 성과목표가 '타당성'을 담보하고 있는지 확인해야 한다.

자신이 설정한 성과목표가 상위조직이나 과 혹은 팀이 지향하는 성과목표와 어느 정도 전략적으로 연계되어 있는가? 만약 전략적으로 연계되어 있지 않으면, 궁극적으로 기관이 달성하고자 하는 성과에 자신이 기여할 수 있는 부분이 줄어들고 조직의 비효율을 초래하게 된다.

아울러 성과목표가 초기에 의도한 고객의 니즈를 충족시키는 기준인지 면밀히 검토하여 타당성을 높여가야 한다. 그럴 때만이 리더를 비롯한 모든 구성원들이 당신의 목표에 공감할 수 있을 것이다.

셋째, 자신의 성과목표가 '납득성'을 확보하고 있는지 점검해야 한다.

이는 성과목표 및 기준에 개인이 직접적인 영향력을 발휘하거나 통제할 수 있는지 판단하라는 의미다. 이를 우리는 통제 가능성과 실행 가능성으로 구분할 수 있다.

통제 가능성은 성과목표가 '자신이 직접 책임질 수 있는 범위 안에 있는가' 하는 것을 말한다. 한편 실행 가능성이라는 말에는 성과목표와 기준이 내가 실행할 수 있는 현실적이면서도 도전적인 것인지를 확인하라는 의미가 내포돼 있다. 자신의 업무실행 통제범위를 넘어선 성과목표나 기준은 아무리 훌륭한 것이라 할지라도 실행력이 떨어질 수밖에 없다. 반면 지나치게 달성하기 쉬운 목표는 도전의식을 깎아 내리므로, 이 또한 경계해야 한다. 결국 통제 가능성과 실행 가능성이 적절한 조화를 이룬 성과목표가 가장 좋은 목표라 할 수 있겠다.

이러한 자문(自問)을 거쳐 도출된 성과목표가 애초의 목적대로 얼마나 달성되었는지 확인할 수 있는 계량화되고 객관화된 지표가 바로 핵심성과지표다.

핵심성과지표는 전략과제를 왜 수행해야 하는지, 달성해야 하는 목적은 무엇인지 명확하게 변수화해서 알려준다. '목적을 변수화한다'는 것에는 전략과제를 수행하는 이유를 명확히 나타낼 수 있어야 한다는 뜻이 내포되어 있다. 리더가 이 업무를 왜 부여했는지, 왜 이 전략과제가 필요한지 정확하게 이해하고 설명할 수 있어야 한다는 것이다. 이렇듯 핵심성과지표는 달성할 목표를 선명하게 청사진으로 나타낼 수 있는 지표인 동시에, 업무의 수행기준이 된다.

그런데 평소 우리는 핵심성과지표를 지나치게 '평가'적인 관점으로만 바라보는 경향이 있다. 해당 성과지표가 평가기준이 되는가, 아닌가에만 몰두하는 것이다. 물론 핵심성과지표의 역할에 평가가 포함되는 것은 사실이지만, 본래 역할은 일을 시작하기 전에 '업무수행기준'을 알려주는 것이다. 그러므로 업무수행을 하고 나서 평가받는 '만족도' 등 사후평가 성격의 정성적 지표는 엄밀히 말해 핵심성과지표로서의 의미가 없다.

궁극적으로 성과목표를 설정하는 가장 큰 목적은 개인의 성과향상을 위해 중점적으로 실행해야 하는 세부 추진과제를 결정하는 것이다. 성과지표가 목적달성 여부를 측정하기 위한 지표인 동시에 업무수행의 구체적인 목적지로서 역할을 해야 하는 이유가 여기에 있다.

이런 점에서 핵심성과지표는 '좋다, 나쁘다' 등의 정성적 지표가 아니라 구체적인 금액, 수량, 건수, 비율과 같이 객관적으로 측정 가능한 값으로 표현되어야 한다. '측정 가능성'은 다양한 성과지표들 가운데 핵심성과지표를 결정할 때도 중요한 기준이 된다. 만약 하나의 전략과제에 대해 2개 이상의 성과지표 후보가 도출되었다면, 결정기준을 정하고 가중치를 두어 하나의 핵심성과지표를 결정하는 것이 바람직하다.

만약 당신의 핵심성과지표가 명확히 계량화되지 못했다면? 그 이유는 성과의 목적지에 대한 열쇠를 쥐고 있는 리더와 충분한 사전협의를 거치지 않았거나, 과제수행의 목적 자체가 불분명해서다. 지표를 이용해서 성과를 측정할 수 없다면 그것은 곧 관리를 할 수 없다는 뜻이며, '권한위임을 통한 자율책임경영'도 실현할 수 없음을 의미한다.

다시 한 번 강조하지만, 모든 과제의 핵심성과지표는 100% 계량화할 수 있고, 계량화해야 한다. 도저히 계량화할 수 없는 지표라면 성과목표가 달성된 상태나 조건을 매우 상세하게 묘사해야 한다.

아울러 성과목표에 의한 자율책임경영을 하기 위해서는 자신이 직접적인 영향력을 발휘할 수 있고 통제할 수 있는 핵심성과지표를 설정해야 한다. 해당업무의 수행결과가 팀 또는 과에 어떤 영향을 미치는지 고려하되, 지나치게 세분화되거나 지엽적인 지표가 되지 않도록 유의하자. 예컨대 어떤 업무를 수행함으로써 과에서 추구하는 '고객만족경영'에 영향을 미친다면, 자신의 핵심성과지표는 국민 요구사항의 반영 여부와 국민 피드백 준수기간 등 '고객관련 지표'로 설정해야 할 것이다.

이러한 일련의 과정을 거쳐 전략과제별 핵심성과지표를 추출했다면, 그다음은 성과목표 수준을 설정할 차례다.

목표수준을 설정한다는 것은 당신이 이루어야 할 성과의 '수치목표'를 구체화한다는 것을 의미한다. 이때 평소 자신이 실행하는 수준의 목표에 만족하지 말고, 한 차원 높은 활동이 요구되는 수준으로 설정해야 한다. 소속 기관과 조직의 중장기 목표도 함께 고려하는 것 또한 잊어서는 안 된다.

그렇다면 성과목표는 과연 무엇을 기준으로 정해야 하는가?

성과목표의 기준치는 자신의 목표가 과연 타당한 수준에서 결정된 것인지를 판단할 때 중요한 근거가 되므로, 무엇보다 성과목표의 적정성을 증명할 수 있도록 설정해야 한다.

기준치를 정할 때는 기본적으로 전년도 성과를 참조하며, 연도별로 달성수준의 편차가 심할 경우에는 최근 2~3년간의 평균 성과를 기준으로 삼도록 한다. 만약 핵심성과지표가 새롭게 개발된 탓에 과거의 성과자료가 없다면, 시행 후 최초 3개월 또는 6개월의 성과를 1년 단위로 환산하여 기준치로 설정하기도 한다. 단, 최근의 성과가 없거나 있더라도 미흡한 수준이라면, 달성해야 할 최고목표를 기준치로 세워야 할 것이다. 이때는 유사기관에서 최고 수준으로 인정되는 조직의 성과나 목표를 참고 할 수 있다.

그러나 성과목표 설정을 위한 기준치는 어디까지나 참고용이지 결정적인 것은 아니다. 기준치를 정할 때 과거 데이터나 다른 기관의 자료에 맹목적으로 의존하는 것보다는 소속 조직의 중장기 목표를 고려하는 편이 훨씬 바람직하다. 무엇보다 상위조직의 성과목표를 달성하는 데 공헌한다는 관점에서 기준치를 정한다면 크게 무리는 없을 것이다.

당신의 성과목표는 상위조직의 성과에 부합하는 수준이어야 하므로, 목표수준을 정할 때는 반드시 리더와 상호합의를 거쳐야 한다. 나아가 타 부서 또는 동료 구성원들과의 형평성을 고려하여 자신의 목표수준을 합의한다면 더욱 바람직하다.

목표수준을 정할 때는 도전적이되, 주어진 물적, 인적 자원을 고려하여 현실적으로 설정해야 납득성을 의심받지 않을 것이다. 반면 성과목표를 달성하기 위한 실행전략은 도전적으로 수립하는 것이 좋다.

당신이 정한 성과목표의 120%를 달성하겠다는 각오로 다양한 대안을 가지고 실행전략을 모색해야 한다. 그래야 성과목표에 좀 더 몰입할 수 있고, 실제 실행에 옮겼을 때 100%에 근접한 성과를 얻을 수 있다.

스스로 일에 대한 철학을 정립하고, 일을 하기 전에 업무의 수요자인 고객에게 어떠한 새로운 가치를 제공할 것인가에 대해 리더와 사전에 논의하라. 달성하고자 하는 성과목표와 실행전략 및 방법을 사전에 합의하는 것이 중요하다는 사실을 결코 잊어서는 안 된다. 이러한 과정은 성과목표를 달성하기 위한 전략을 꾸준하게 실천해갈 수 있는 가장 확실한 밑거름이다.

타깃별 차별화 전략으로 성과달성 가능성을 높여라

자신이 담당하고 있는 업무나 소속 조직의 성과가 부진하면 보통 어떤 생각을 하는가? 아마 대부분 외부 환경적 요인이나 상사, 조직의 제도나 시스템을 탓할 것이다.

그런데 조직이나 개인의 성과가 부진한 이유를 조사한 연구결과에 따르면, 실제로 외부환경 요인에 의해 성과가 부진한 경우는 고작 13%에 불과하다고 한다. 오히려 내부적으로 측정 가능하고 예측 가능한 목표나 타깃별 전략을 제대로 수립하지 못하고, 실행역량 또한 부족해서 목표달성에 실패하는 경우가 87%에 이른다는 것이다. 그 중에서도 앞서 살펴보았던 성과목표를 명확히 규정하지 않았거나, 달성전략을 구체적으로 타기팅하지 않은 경우가 70%나 된다고 하니, 안타까운 일이 아닐 수 없다.

이러한 연구결과를 바탕으로 개별 공무원들의 성과가 부진한 원인을 유추해서 살펴보면 크게 3가지로 정리할 수 있다.

첫째, 자신이 달성해야 할 성과목표를 구체적으로 그리지 못하거나, 수치로 나타내지 못해서다. 예를 들어 구청 공무원이 성과목표를 '지역주민의 행정서비스 만족도 10점' 등으로 두루뭉술하게 나타내는 데 그친 경우를 들 수 있다.

둘째, 성과목표를 달성하기 위한 전략적 타기팅에 대해 리더와 사전에 확실히 합의하지 못해서다. 예를 들어 전략과제로 설정한 '홍보관의 효율적 운영'을 실행하기에 앞서 수치화한 성과목표와 이에 영향을 미칠 핵심성공요인 및 예상장애요인을 관리하는 방법에 대해 리더와 완전히 합의를 이끌어내지 못한 것이다.

셋째, 수립한 성과목표와 전략을 행동으로 실천하는 역량이 미흡해서다. 성과목표와 전략에 대해 확실하게 이해하지 못했고, 이를 실천에 옮길 수 있는 역량이 부족했던 것이다.

이러한 이유 때문에 성과목표를 달성하는 전략에 누수가 생기고, 결과적으로 애초의 기대에 훨씬 못 미치는 초라한 성과와 마주하게 되는 것이다.

전략이란 목표를 달성하는 과정을 미리 예측해보고 목표달성에 가장 큰 영향을 미칠 변수를 파악해, 어떻게 대응해나갈지 세부 타깃과

타깃별 차별화 전략으로 성과달성 가능성을 높여라

❶ 성과목표를 달성하기 위한 '음지'와 '양지'를 분석하라.

❷ 역량을 분석하여 전략과제를 구체화하라.

❸ '눈에 보이는' 타깃을 설정하라.

❹ 창의적이고 혁신적인 달성전략을 수립하라.

공략수준, 공략방법을 정하는 것이다. 이 전략이 차별화되지 못한다면 아무리 성과목표와 핵심성공요인이 분명해도 실행력을 담보할 수 없게 된다.

그렇다면 자신의 성과목표를 달성하기 위해 어떤 전략을 어떻게 수립해야 하는가? 그 과정은 대략 다음과 같다.

첫째, 성과목표에 긍정적인 영향과 부정적인 영향을 미치는 요인들을 찾아낸다.

둘째, 자신이 가진 능력과 역량이 어느 정도인지 파악하고 어떤 노력을 기울일 수 있는지 확인한다. 이때 자신의 주변환경도 함께 진단한다.

셋째, 공략대상, 즉 타깃과 달성수준을 '눈에 보이도록' 명확하고 구체적으로 설정한다.

넷째, 타깃별(대상별) 공략방법과 실행계획을 창의적이고 혁신적으로 수립한다.

1. 성과목표를 달성하기 위한 '음지'와 '양지'를 분석하라

양지가 있으면 음지가 있듯이, 모든 일에는 양면성이 있다. 성과목표를 달성하는 것도 마찬가지다. 그러므로 성과목표 달성전략을 수립할 때 가장 먼저 해야 할 작업은 바로 성과달성의 '양지'와 '음지'를 구분하는 것이다.

양지는 성과목표를 달성하는 데 긍정적인 영향을 미치는 '핵심성공요인'이며, 음지는 성과목표를 달성하는 과정에 부정적인 영향을 미치는 '예상장애요인'이다.

예를 들어 '체중 10kg 감량'을 목표로 정해보자. 이 성과목표를 달성하기 위해 가상의 시나리오를 써보라. 내가 하는 많은 행동 중에서 도움이 되는 것도 있고, 방해가 되는 것도 있을 것이다. 운동량을 늘리거나 식사량을 줄이는 것은 도움이 되는 요인이니 '핵심성공요인'으로 분류할 수 있을 테고, 잦은 회식, 불규칙한 식습관, 게으른 생활습관 등은 방해가 되는 '예상장애요인'으로 분류할 수 있을 것이다.

핵심성공요인을 찾아냈다면, 그다음 해야 할 일은 핵심성공요인을 중심으로 목표달성도와 전략적 중요도를 고려하여 성과목표 달성전략의 '과제'로 만드는 일이다. 예상장애요인은 성과목표를 달성하는 데 혹시 모를 위험요소를 관리하기 위한 것이므로, 우선 목표달성에 주도적인 역할을 하는 핵심성공요인을 중심으로 전략과제를 도출하는 것이 효과적이다.

논의를 진전시키기에 앞서, 그렇다면 성과달성에 영향을 미치는 수많은 요소들 중에서 핵심성공요인과 예상장애요인을 찾아내는 방법이 따로 있을까?

'정답'까지는 아니더라도 일정한 '기준'은 있다. 단순히 직관적인 '감'에 의해 무작정 선별하는 것이 아니라 전년도 성과, 당해 연도 성과목표 달성환경, 고객의 요구사항 및 불만사항 등을 고려해 체계적이고 입체적으로 분석해야 한다. 이는 크게 4가지 차원으로 나눠볼 수 있다.

첫째, 전년도에 실행했던 전략과제 및 핵심성과지표와 관련해 전년도 성과를 달성하게 해준 주요 요인을 찾아낸다. 서비스, 고객 등 다양한 기준으로 세밀하게 분석하고, 그중에서 성과를 창출하는 데 가장 결정적인 영향을 미친 성공요인과 이를 일궈냈던 전략과제를 찾아내는 것이 관건이다. 예를 들어 자신의 전년도 행정서비스 성과는 어떠했고 주요 고객층은 누구였는지, 지역별 또는 대상별 비중은 어떠했는지 등, 성과에 결정적인 영향을 미쳤던 다양한 요인들을 세부적으로 묶어 공통분모를 구체적으로 밝혀낸다.

둘째, 당해 연도의 성과목표 달성환경을 분석하여, 내·외부 환경의 어떤 요인이 목표달성에 영향을 미칠지 예측한다. 특히 핵심성과지표의 목표달성에 영향을 미칠 만한 환경변화 요인을 구체적으로 찾아내는 것이 중요하다.

성과목표에 영향을 미칠 조직 외부환경의 동향이 어떤지, 그리고 어떻게 변화할지를 분석하고, 그 결과에 기반해 자신의 성과목표를 설정해야 한다. 물론 조직 내부요인의 영향도 마찬가지로 분석해야 할 것이다. 이때 자신의 성과목표와 관련된 기관장 및 리더들의 의지, 타 부서 상황, 상위조직의 지원 등 다양한 관련요소를 꼼꼼히 따져본다.

셋째, 이해관계자 분석을 한다. 이는 자신의 성과목표와 관련된 고객의 요구사항, 불만사항을 우선순위에 따라 정리하는 것을 의미한다. 해당 핵심성과지표를 달성하는 데 영향을 미칠 수 있는 고객의견을 조사하거나, 고객 접점에 있는 실무자의 의견을 참조해 핵심성공요인과 예상장애요인으로 구분하면 된다.

최근 일정 기간 동안 성과목표와 관련되어 고객들의 불만사항이나 선호사항을 면밀히 살펴보면 목표를 달성하는 데 도움이 되는 추세나 동향을 찾아낼 수 있다. 아울러 고객뿐 아니라 해당 성과목표에 영향을 미칠 수 있는 유관기관이나 관계자들의 요구사항과 불만요인도 함께 고려한다면 더할 나위가 없다.

넷째, 타 기관을 벤치마킹해 분석한다. 자신이 달성할 목표와 관련하여 타 기관이나 유사기관, 민간기업에서 어떠한 전략을 실행하거나 고려하고 있는지 관련 자료 등을 검토하고 분석한다. 성과목표 달성에 도움을 줄 수 있는 아이디어를 기관 내부에서만 찾을 것이 아니라 외부에서도 차용해보자는 것이다. 개선해야 할 사항이나 핵심성공요인, 예상장애요인 등 목표달성에 영향을 미칠 수 있는 것이라면 빠짐없이 챙긴다.

2. 역량을 분석하여 전략과제를 구체화하라

이러한 과정을 통해 도출된 핵심성공요인과 예상장애요인을 가지고 공략할 대상을 타기팅하여 곧바로 전략을 수립할 수도 있다. 그러나 핵심성공요인과 예상장애요인들 중에서도 자신의 역량으로 해결할 수 있는 것이 있고, 그렇지 못한 역량 밖의 문제들도 있을 수 있다. 그러므로 본격적인 전략을 수립하기 전에 자신의 역량이 어느 정도인지 파악하고, 얼마만큼 발전시킬 수 있는지 심사숙고한 뒤에 전략을 수립해야 할 것이다.

내가 가진 장점이 무엇이고, 약점은 무엇인가? 전략을 수행하는 최적의 조건과 현재 나의 역량 간에 어떤 간극이 있는지 명확하게 인식해야 자신에게 적합한 전략과제를 도출할 수 있다. 아울러 자신이 얼마나 노력을 쏟아 부어야 하는지 파악할 수 있으므로 자원의 효율적인 배분도 가능해진다. 나아가 자신의 역량이 어느 정도인지가 드러나면 자연스럽게 어떤 역량을 강화할지에 대한 자기계발 필요성을 느끼게 되는데, 이에 대해서는 7단계에서 보다 구체적으로 살펴볼 것이다.

앞서 도출한 핵심성공요인과 예상장애요인은 모두 성과목표를 달성하는 데 결정적인 영향을 미치는 요인들이다. 하지만 예산, 시간, 능력 등의 자원에 한계가 있기 때문에 모든 요인들을 실행해야 할 과제로 수립할 수는 없다. 자신이 갖고 있는 역량과 능력, 그리고 처한 환경과 여건을 감안해 선택과 집중을 해야 한다. 따라서 성과목표를 달성하는 데 가장 결정적인 영향을 미칠 요인들을 선별하여 목표달성의 중요도와 기여도에 따라 이들을 과제로 수립하는 것이 무엇보다 중요한 일이라 하겠다.

이러한 과정을 통해 선택된 과제는 개인의 세부 전략과제로 자리매김된다. 핵심성공요인은 그대로 전략과제가 되거나 좀 더 구체화되고, 예상장애요인은 이를 제거할 수 있는 해결방안이 전략과제로 정해질 것이다.

3. '눈에 보이는' 타깃을 설정하라

분석된 핵심성공요인 및 예상장애요인과 자신의 역량수준을 근거로 전략과제를 도출한 후에는 '눈에 보이는' 타깃을 설정해야 한다.

핵심성과를 달성하기 위해서는 목표의 맥(脈)을 짚어야 하는데, 이것이 바로 '타기팅'이다.

타기팅이란 자신이 달성할 성과목표의 공략 포인트를 구체적으로 설정하는 것으로, 사냥으로 치면 사냥감의 급소를 찾는 것과 같다. 타깃(target)이란 대상만을 지칭하는 것이 아니라 목표를 달성하기 위해 집중해야 하는 대상과 업무내용, 프로세스 등을 모두 포괄하는 개념으로 이해해야 한다. 타기팅을 할 때는 특히 핵심성공요인을 중심으로 공략타깃과 구체적인 공략방법을 설정하는 것이 중요하다.

전국 세무서 중에서 4년 연속 1위를 기록한 남대문세무서는 기관의 경영성과를 극대화하고 보다 많은 세수(稅收)를 확보하기 위해 핵심성공요인과 예상장애요인을 철저히 파악해 활용하는 대표적 우수사례로 손꼽힌다. 물론 남대문세무서는 관내에 대기업과 금융회사가 많이 분포하여 유리한 지점이 있지만, 그렇다고 이것만으로 성과목표를 달성할 수 있는 것은 아니다.

그들은 상위기관에서 부여받은 성과목표인 '세수액 11조'를 달성하기 위해 거대 국내법인과 금융회사를 중심으로 세수를 확보하는 것을 우선적 핵심성공요인으로 설정했다. 그런 다음 법인세 확보를 위해 200~300개 기업에 대한 상시분석체계를 운영하여 핵심성공요인을 우선적으로 과제화하고 실행하고 있다.

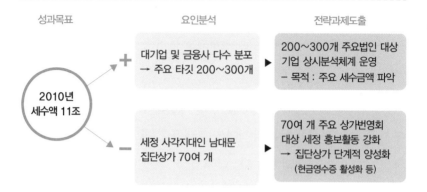

도표 눈에 보이는 목표달성 타깃을 설정한 남대문세무서

성과목표   요인분석   전략과제도출

2010년 세수액 11조

+ 대기업 및 금융사 다수 분포 → 주요 타깃 200~300개 ▶ 200~300개 주요법인 대상 기업 상시분석체계 운영 – 목적 : 주요 세수금액 파악

– 세정 사각지대인 남대문 집단상가 70여 개 ▶ 70여 개 주요 상가번영회 대상 세정 홍보활동 강화 → 집단상가 단계적 양성화 (현금영수증 활성화 등)

아울러 예상장애요인으로 손꼽히는 남대문 집단상가에 대한 관리 역시 소홀히 하지 않았다. 남대문 지역에 있는 70개 상가번영회를 타 깃으로 삼아 '국세 행정운영 내용과 올바른 납세활동 모범사례'를 매 달 홍보하여 이 지역을 '납세 양성지역'으로 변화시키려는 목표를 설 정, 운영하고 있다.

남대문세무서의 사례처럼, 우리도 성과목표를 달성하기 위해서는 다양한 사실을 근거로 성과목표 달성의 요인과 관련된 추세와 동향 을 파악하고, 핵심성공요인과 예상장애요인을 추출해야 한다. 아울 러 주요한 공략 타깃을 찾아내거나 성과목표의 상당 부분을 차지하 는 대상이 무엇인지 설정해야 한다. '파레토의 법칙(Pareto's law)'을 적용하여 자신이 달성할 성과목표의 80%를 차지하는 핵심적인 20% 의 대상을 설정하면 좋다.

180 · PART 3

타기팅의 핵심은 자신의 고객이 누구인지 세분화하는 것이다. 따라서 '눈에 보이도록' 계량화 또는 형상화하는 것이 중요하다. 어떤 고객을 대상으로 무슨 가치를 제공해야 할지 모른 채 수립하는 전략은 한낱 탁상공론일 뿐임을 명심하자. 고객을 세분화할 때는 의미 있고 실행 가능한 영역이 무엇인지 구분하여, 중복되거나 누락되는 부분 없이 나누어야 한다.

예를 들어 지역을 거점으로 분포되어 있는 공공기관의 경우 지역별로 주요 고객들이 다르며, 고객에 따라 제공해야 할 가치 또한 달라질 수 있다. 명확한 타기팅은 이러한 상황에서 목표달성전략을 수립할 때 정확한 방향성을 제공하여 각 대상에 맞게 가치를 제공하는 방법을 세우도록 해준다.

이를 위해서는 자신의 고객인 국민들이 어떤 모습으로 어떻게 살아가는지, 어떻게 행동하는지 세심하게 관찰하는 정성이 필요하다. 특히 자신의 성과목표와 깊은 관계가 있는 주요 고객을 단순하면서도 생생하게 묘사해내는 것이 중요하다. 결국 성과목표를 달성하기 위해서는 고객의 입장, 고객의 눈높이에서 섬세하게 접근하는 것 외에 왕도가 없다.

예를 들어보자. 자신이 상대하는 지역주민 또는 고객을 단순히 '30대 중산층 남녀'라고 파악하기보다는 '우리 주민은 두 아이가 있고,

일반적으로 파악하는
고객의 모습

제대로 일하는 공무원이
보는 고객의 모습

"30대 중산층 남녀"

"우리 고객은 두 아이가 있고, 한 달에 1~2번 우리기관을 이용하며, 생활민원 관련 행정서비스에 대한 요구사항이 많다. 아울러 행정서비스에 관한 정보를 제공할 때에는 전화나 팩스보다는 이메일이나 문자서비스 등으로 받는 것을 더 좋아한다."

한 달에 1~2번 우리기관을 이용하며, 생활민원 관련 행정서비스에 대한 요구사항이 많다. 아울러 행정서비스에 관한 정보를 제공할 때에는 전화나 팩스보다는 이메일이나 문자서비스 등으로 받는 것을 더 좋아한다'와 같이 생생하게 묘사하는 것이다.

자신의 타깃 고객을 생생하고 정교하게 묘사하면, 전략을 수립할 때 어떤 고객에게 어떤 방법을 적용해야 더 좋은지, 목표를 어느 수준으로 잡을 것인지 세밀하게 파악할 수 있다. 타깃을 묘사하는 것만으로도 성과목표의 달성 가능성이 한층 높아지는 것이다. 나아가 이를 기관 전체와 공유한다면 모든 구성원이 고객에 대한 공감도와 이해도를 높일 수 있어 고객 개개인이나 그룹별 맞춤전략을 적용할 수 있을 것이다.

이제 자신의 고객을 눈앞에 떠올려보자. 그리고 고객이 서비스를 이용하는 단계를 면밀하게 분석하여 이를 근거로 성과목표를 달성하는 데 결정적인 영향을 미치는 요인을 찾아보자. 이렇게 고객이 서비스를 이용하는 단계를 분석하고 파악하고 나면 자신의 고객에게 어떻게 해야 차별화된 가치를 제공할 수 있을지, 그 방법이 보일 것이다.

4. 창의적이고 혁신적인 달성전략을 수립하라

창의적이고 혁신적인 달성전략은 기존의 방법과는 다른 새로운 아이디어를 가지고 고객의 불편사항을 해결하고 새로운 가치를 제공하는 것을 최우선으로 한다. 과거에는 새로운 아이디어를 내면 조직에서 '튀는 사람'으로 손가락질 받았지만, 이제는 아니다. 일반기업이든 공공기관이든, 성과목표를 달성하기 위해 구성원들에게 혁신적이고 창의적인 생각을 요구하도록 세상이 바뀌었다.

성과목표 달성전략을 창의적이고 혁신적으로 수립하기 위해서는 혼자서 고민하거나 기존의 시행내용에만 기대서는 곤란하다. 오히려 다른 구성원들이나 고객과 직접 대화를 나누고 의견을 교환하는 등, 외부에서 다양한 방법을 모색하는 것이 효과적이다.

우리는 보통 창의성이라고 하면 기발한 아이디어라고 생각하는데, 여기서 얘기하는 '창의적이고 혁신적인 전략'이란 '고객관점'에서 바라보는 전략을 말한다. 서비스를 제공하는 입장이 아니라 서비스를 받는 고객들의 입장에 서서 어떤 서비스를 받았을 때 만족할 것인가를 고민해야 제대로 된 창의와 혁신이 일어난다.

창의적이고 혁신적인 아이디어를 찾는 방법에는 여러 가지가 있는데, 그중에서도 활용도가 가장 높은 것으로 브레인스토밍이 있다. 브레인스토밍을 할 때도 그냥 막연하게 참여해서는 곤란하다. 해당 성과목표 달성전략과 관련된 객관적인 데이터나 경험, 사례 등을 실질적으로 제시하면서 진행해야 제대로 효과를 볼 수 있다.

잘 아시다시피 브레인스토밍의 장점은 하나의 공통된 주제에 대해 구성원들이 부담 없이 자유롭게 의견을 말함으로써 새로운 관점과 인식을 얻을 수 있다는 것이다. 다만 의견을 말하면서 '인격'에 대한 공격을 하거나 비판이 과열되어 감정의 앙금을 남기지 않도록 주의할 필요가 있다. 차 한 잔 하거나 산책을 하는 등, 좀 더 자유로운 분위기를 조성하여 아이디어의 다양성을 높이는 것도 커뮤니케이션을 원활하게 하는 좋은 방법이다.

브레인스토밍의 또 다른 장점은 자신의 아이디어를 구체화하거나 재정립하는 것뿐 아니라 다른 이들의 아이디어를 모방할 수도 있다는 것이다.

아이디어를 모방한다고 해서 동료의 아이디어를 훔치라는 것이 아니라, 타 조직의 사례를 참고해 벤치마킹하라는 것이다. 이때 그 범위를 동일 형태의 행정서비스 기관이나 같은 기관 내로 한정짓지 말고, 다른 형태의 행정기관이나 타 기관, 일반기업까지 넓혀보는 것이 좋다. 그들이 예전에 시도했던 전략방법을 검토하여 그중에서 도움이 될 만한 것을 찾아보라. 미처 생각지 못했던 새로운 아이디어를 얻을 수 있을 것이다. 이러한 브레인스토밍 등 다양한 방법을 활용해 수많은 사례를 스스로 분석하고, 자신의 강점과 약점을 보완하고, 성과목표를 달성하기 위한 전략을 수립하는 데 도움이 될 수 있는 시사점 또는 학습 포인트를 파악하는 것이 벤치마킹의 핵심이다.

최근 일부 공공기관에서는 우수시책이나 아이디어를 발굴하기 위해 안간힘을 쏟고 있다. 대표적인 예로 꼽을 수 있는 곳은 바로 강원도 영월군이다. 영월군은 공무원 200명을 유사업무 공무원 5~6명 단위로 묶어 50여 개 혁신팀으로 구성해, 타 지역의 우수시책이나 사례에 대한 벤치마킹을 실시해 실질적인 시책을 발굴하고 아이디어를 창출하는 계기로 활용하고 있다.

이제 실행계획까지 구체적으로 수립되었다면 실행에 옮기는 일만 남았다. 목표를 실행하는 데도 타 부서나 다른 구성원들의 지원이나 협조가 있으면 보다 원활하게 일이 진행될 수 있다. 그러므로 공식적으로 요청할 지원사항을 객관적이고 구체적인 '과제'의 형태로 알려주는 것이 좋다. 예컨대 인력이나 예산, 또는 시간이 더 필요할 때는 이 내용을 상위 리더에게 요청하면 된다.

자신의 성과목표를 제대로 달성하기 위해서는 관련된 지원사항과 필요한 자원을 소속 부서의 팀장 또는 과장과 커뮤니케이션하여 사전에 먼저 해결하겠다는 자세로 임해야 한다. '나 혼자 알아서 하겠다'는 식의 사고는 금물이다. 이 점을 명심하고 자신의 전략을 실행하도록 하자.

월간 및 주간 업무추진계획을 목표달성전략으로 전환하라 단계 4

연간이나 반기, 프로젝트 단위로 성과목표와 달성전략을 수립했다면, 목표를 달성하기 위한 실질적인 '성과목표 실행단계'에 돌입했다고 할 수 있다.

성과목표를 실행할 때는 '능동성'을 최대한 발휘해야 한다. 단순히 자신에게 분장된 업무를 정해진 절차나 규정에 따라 기계적으로 처리하는 것이 아니라, 자신이 달성해야 할 성과목표와 달성전략을 중심으로 전략을 실행하기 위한 방법을 구체적으로 찾아 처리하라는 것이다. 마치 타깃을 끝까지 추적하는 미사일처럼 말이다.

하지만 대부분의 공무원들은 목표실행에 필요한 월간목표와 전략을 따로 수립하지 않으며, 일부 수립하는 공무원들도 자신의 업무를 처리하기 위한 업무추진계획을 중심으로 운영하는 경우가 많다.

'업무추진계획을 중심으로 운영한다'는 것은 월간업무나 과제를 달성하기 위한 실행계획을 정해진 업무 매뉴얼에 의존해 처리하는 것을 말한다. 그러나 이렇게 해서는 연초에 세운 성과목표를 달성하기 어렵다. 그저 정해진 규정과 절차에 따라 실행해놓고, 성과목표가 달성되지 않은 것은 순전히 외부환경 때문이라며 남 탓하기 바쁘다. 이같은 업무추진계획은 자신이 속한 부서나 개인의 성과목표를 단기적이고 근시안적 시각으로 처리하게 함으로써 기관 차원의 시너지와 미래지향적이고 전략적인 성과목표 달성을 방해한다.

성과목표를 달성하기 위해서는 자신이 형상화한 성과목표는 물론, 핵심성공요인 및 예상장애요인을 고려하여 수립한 전략과 방법에 초점을 맞추어 실행해야 한다. 아울러 월간 또는 주간 단위로 자신이 수립했던 성과목표와 전략이 적절한지 지속적으로 검토하고 리뷰하며 보완하는 피드백이 반드시 필요하다.

대부분의 공무원들은 연간 성과목표는 설정하지만, 이를 실행하기 위해 월간·주간·일일 단위의 목표로 쪼개어 구체화된 수치목표를 설정하는 경우는 많지 않다. 달성해야 할 구체적인 목표가 무엇인지 명확하게 모른 채 '어쨌든 실행하고 보자'는 의식이 기본적으로 깔려 있는 듯하다.

그러나 커다란 연간 성과목표나 과제 성과목표를 힘겹게 끌어안고 있어서는 원하는 바를 달성하기 어렵다. 큰 덩어리의 빵을 먹기 좋게 자르듯, 목표 역시 실행하기 쉽게 인수분해하여 쪼개야 한다.

다음 쪽의 도표를 살펴보자. 이 도표는 통상적으로 진행하고 있는 월간업무 추진계획의 일반적인 사례다.

일을 업무진행계획이나 처리절차에 따라 수행하는 것에만 초점이 맞춰져 있다는 사실이 한눈에 들어온다. 전형적인 업무 중심의 평면적인 계획이다. 내가 속한 팀의 목표가 무엇인지, 왜 이 일을 하는지, 자신의 목표는 무엇인지는 어디에도 나타나 있지 않고, 이것이 자신의 연간목표와 어떻게 연계되는지도 알 수 없다. 연간 성과목표를 달성하기 위해 어디에 집중해야 할지, 어떻게 실행해야 할지 역시 나타나 있지 않다.

이렇게 되면 연간목표를 제대로 세웠을지라도 월간 성과목표에 반영되기 힘들고, 주간 성과목표와 전략에도 연동되지 못한다. 또한 이 계획에는 탁월한 성과를 창출하겠다는 열정과 전략이 전혀 보이지 않는다. 예전부터 답습해온 업무수행방식을 그대로 가져다 반복하면서 '품의하고 결재만 받으면 목표는 어떻게든 달성되겠지' 하는 막연한 염원만 담겨 있을 뿐이다.

문제는 여기서 끝이 아니다. 목표달성전략이 아니라 업무추진계획 위주로 운영하다 보면, 리더가 수시로 업무목표를 부여하게 되어 그때그때 눈앞에 주어지는 과제에만 매달리게 된다. 이러다 보니 개인은 자신의 성과목표를 달성하기 위한 핵심성공요인이나 예상장애요인을 분석할 시간도 없고, 자연스럽게 그 목표를 실행하는 의미도 사

월간 업무계획 (2010년 6월)

구분	1주 (6.15~6.19)	2주 (6.22~6.26)
경영혁신팀	• 인사 – 근태관리 – 보조인력 근로내역 확인신고 – 리더십 교육 추진 – 전산직원 채용 업무 – 교육개발팀 인턴 채용 업무 – 인력양성팀 보조인력 채용 업무 • 총무 – 진흥센터 MOU (일시 : 06.16 화) – 업무혁신프로그램 가격 협상 (일시 : 06.17 수) – ○○기자재(전자) 대금 지급 (일시 : 06.18 목) – 시내출장규칙 개정 (일시 : 06.17 수) – 하반기 강사연수 대행업체 심사 (일시 : 06.17 수) – 강사 하반기 연수 관련 매트 임대 – 강사 하반기 연수 관련 강사 여행자보험 가입 업무 추진 – 교재개발 연구사업 재공고 선정기관 계약 업무 추진 (2건) – 교육 전문인력 교육 연구사업 공모 선정기관 계약업무 추진 (4건) – 6월 입사자 복지카드 발급 및 포인트 부여 – IP 전화 테스트 시작 • 회계 – 사업정산지원 – ~5월 전표입력 마감	• 인사 – 근태관리 – 리더십 교육 실시 – ○○○ 의원실 자료 제출 • 총무 1. 업무 추진계획 기술 2. 보고 중심 3. In-put 중심 – 하반기 강사연수 버스 임대 계약 (일시 : 06.25 목) – 제10차 이사회 ·일시 : 6.24(수), 12:00 ·장소 : 종로 안국동 ·참석자 : 이사 16명 외 • 회계 – 급여지급 – 사업정산지원 • 정보화 – 보안지도점검 대비 자료작성 – 10 개편사업 시작

성과목표 따로! 과정 따로! 실행계획 따로!

라져버린다. 당장 눈앞의 현안만을 중시하게 되고, 연간목표와는 상관없는 일만 하느라 바쁘게 하루하루를 보내도 실제 목표달성에는 한 걸음도 다가가지 못한 것 같은 괴리감에 휩싸이게 된다.

월간 업무계획 (2010년 6월)

구분	3주 (6.29~7.3)	4주 (7.6~7.10)

경영혁신팀	• 인사
	  – 근태관리
	  – 직무교육 추진 및 실시
	• 총무
	  – 보조교재 6종 대금 지급 (일시 : 06.30 화)
	  – 이사회 결과 보고 (일시 : 06.29 월)
	• 회계
	  – 사업정산 지원
	  – 09 운영비 정산보고
	• 정보화
	  – 09 정보화 및 09 아카데미 사업 정산
	  – 보안지도점검 (일시 : 06.30 화)
		• 인사
		  – 근태관리
		• 총무
		  – 원천세신고
		  – 사업정산 지원
		• 정보화
		  – 통합운영시스템 사업시작
		  – 10 개편사업 계속

성과목표 따로! 과정 따로! 실행계획 따로!

연간 성과목표는 상위조직이나 자신의 업무에 대한 중장기 목표를 달성하기 위해 1년 또는 반기 단위로 설정한 일종의 '좌표'다. 이 좌표를 현실에서 살아 숨 쉬게 하려면 시간적인 차원에서 보다 정밀하고 세밀하게 관리해야 한다. 즉 연간목표를 월간 단위, 주간 단위, 일일 단위로 쪼개서 손안에 움켜쥐고 경영해야 한다. 그래야 업무에 실제로 적용할 가능성도 커지며, 효율적인 운영도 가능해진다. 말하자면 월간, 주간 성과목표가 1년의 성과목표에 다가가기 위한 일종의 상황판 역할을 하는 것이다.

오른쪽의 도표는 업무추진계획을 수립한 경우와 연간 성과목표를 월간 단위로 쪼개서 성과목표를 중심으로 달성전략을 수립한 경우를 비교한 것이다.

시간, 사람, 행사 중심의 '인풋'만 나열된 업무추진계획은 민원을 해결하기 위한 업무진행 절차일 뿐 원하는 성과목표를 달성하기 위한 전략이 아니다. '이 순서대로 일을 수행하면 민원이 감소할 거야' 하는 인풋 중심의 사고방식은 이제 지양해야 한다.

반면 옆쪽에 제시된 성과목표 달성전략은 자신이 달성하고자 하는 성과목표를 명확히 타기팅하고 이를 달성하기 위한 전략과제를 대상별로 차별화했다. 해야 할 일보다 달성하고자 하는 성과목표 중심으로 전략과 방법을 수립한 것이다. 내용을 살펴보면 목표달성을 위한 주요 공략대상을 구체적으로 쪼개어 설정했음을 알 수 있다. 그랬기 때문에 대상별 추진전략 및 방법이 더욱 치밀하고 정교해질 수 있었다.

'파다 보면 금이 나오겠지' 하는 마인드가 아니라 '여기가 확실한

구분	전략과제	핵심성과지표	2010년 8월 목표	추진전략 및 방법
업무추진계획	민원 해결	민원 건수	30건	• 민원 해결방안 추진 품의 • 지역주민과 관계 강화 • 오프라인, 온라인 이벤트로 적극적 홍보활동 • 주기적 지역주민 대상 민원내용 조사 및 보고 • 지역주민 대상 공청회 실시

성과목표 달성전략	○○지역 환경민원 관리체계 구축	수질오염 민원 소송 제기 건수	10건	• 1~2월, 지역주민 중 환경단체 공략
				 - 주요 환경단체 ○○○ 외 20곳 중 16개 NGO 이상 수질오염 대책방안 설명회 및 공청회 개최
				  → 환경민원 소송 제기 3건 이상 감소 예상
				 - 기관 홈페이지를 통한 수질오염 대책방안 온라인이벤트 시행
				 - 지역 환경 도우미 100명 선정
				 - 기존회원이 신규회원 3명 이상 가입 유도할 경우 이벤트 자동응모
				  → 올해 신규회원 가입 목표는 1,100명
				• 10월말까지 지역 친환경 대기업 △△사와 공동 친환경 물결운동 추진 (친환경 NGO 활동 보조금 1억 모금 추진)
				 - 주요 NGO단체 방문상담을 통해 예산 지원 필요내역 및 시설 투어 메리트 제공
				  → 소송 제기 5건 이상 감소 예상

금맥이구나!' 하는 마인드로 집중할 대상을 설정하고 이를 바탕으로 실행에 옮기는 것이 중요하다. 명확한 타깃을 설정하고 실행한 후에 전략을 돌이켜보며 학습 포인트를 반복해서 얻어갈수록, 점점 더 정확한 전략을 구사할 수 있게 된다.

아직까지 많은 공무원들은 성과목표를 구체화해서 목표달성을 위한 주기적인 전략을 수립하기보다는 인력, 예산, 시간을 통제하는 데 힘을 쏟는 경향이 있다. 회의나 워크숍만 봐도 목표달성의 핵심성공요인과 예상장애요인을 논의하고 서로의 관점을 공유하기보다는, 지난달 실적과 이번 달의 천편일률적인 업무추진계획에 대해 보고하는 형태로 변질되어 있다.

그러나 이제는 바뀌어야 한다. 많은 사람이 이렇게 한다고 해서 우리까지 외부환경과 과거의 관습에 끌려가서는 안 된다. 제대로 일하는 공무원은 이런저런 환경을 탓하기보다는, 자기 자신부터 바꾸려고 노력한다. 조직의 목표를 달성하기 위해 설정한 자신의 연간 단위나 과제 성과목표를 보다 구체적으로 실행하기 좋게 세분화하는 것이다. 월간 또는 주간 단위의 목표달성전략을 수립하게 되면, 목표를 달성하는 데 중요한 영향을 끼치는 성공요인과 장애요인을 실시간으로 찾아가는 훈련을 할 수 있다. 그 과정에서 자신의 목표를 월간 또는 주간 단위로 지속적으로 추적관리할 수 있으니, 성과관리 역량이 몸에 체화되는 것은 물론이다.

그 방법도 크게 어렵지 않다. 연간 단위나 과제 성과목표를 실행할 수 있도록 월간, 또는 주간 단위의 성과목표로 전략적으로 배분하면 된다. 처음에는 어렵지만, 한번 '일근육'이 발달하여 체질화되면 점차 일에 속도가 붙어 한결 손쉽게 성과를 달성할 수 있을 것이다.

지금까지 논의한 이야기를 다시 정리하면 다음과 같다.

- '해야 할 일'만 나열하지 말고, '달성할 월간 성과목표'로 쪼개라.
- 업무추진계획을 입체적 성과목표 달성전략으로 혁신하라.
- 목표달성과정에서 꾸준히 성과목표를 추적 관리하라.

1. '해야 할 일'만 나열하지 말고, '달성할 월간 성과목표'로 쪼개라

당신이라면 연간 성과목표를 어떻게 쪼갤 것인가? 가장 먼저 떠오르는 방법이 연간 성과목표나 과제 성과목표를 12등분하는 것이다.

그러나 성과목표는 전략적으로 배분해야 한다. 단순히 전체를 일률적으로 12등분하거나 52등분하는 것이 아니라, 달성할 성과목표의 성격에 따라 월 단위의 성과목표를 설정한다든지, 행정서비스의 성격을 고려하여 계절 단위의 분기목표를 설정한다든지 하는 방식으로 성과목표를 구체화시켜야 한다.

많은 사람들이 저지르는 또 하나의 실수는 월 단위로 성과목표를 설정하는 것이 아니라, 월 단위로 해야 할 일들의 순서를 적는다는 것이다. 그러나 할 일만 순서대로 한다고 해서 달성할 수 있을 만큼 성과목표가 만만하지 않다는 것을 우리는 누구나 알고 있다. 해야 할 일의 순서를 적는 것이 핵심이 아니라, 자신이 달성해야 할 월간 또는 주간 단위의 성과목표를 계량화하는 것이 핵심이다.

여기서는 연간이나 반기 단위 성과목표를 월간 성과목표로 쪼갠다고 가정하고, 이에 따른 전략을 수립하는 것으로 설명해보도록 하겠다.

월간 성과목표 달성전략은 지난달의 성과를 리뷰하고 당월의 성과
목표를 달성하기 위한 전략을 수립하기 전에, 연간목표를 월간 단위
로 쪼개는 것으로부터 첫걸음을 내딛는다.

우선 연간 성과목표를 월 단위로 쪼개어 월별 성과목표로 인수분
해한다. '인수분해'라는 단어에서 알 수 있듯이, 목표를 똑같이 n등
분하는 것이 아니라 전년도나 지난 분기의 월간 성과, 계절적인 요인,
달성해야 하는 성과목표의 특성, 공공행정 서비스업의 특성 등을 감
안하여 월간 성과목표를 배분해야 한다. 월간 성과목표는 실행을 염
두에 두고 최대한 구체적으로 쪼개어 그 상태와 조건을 설계해야 한
다. 나아가 필요하다고 판단되면 실행 가능한 범위 내에서 도전적인
목표를 부서장과 전략적으로 합의하여 구체화하는 것도 좋다.

2. 업무추진계획을 입체적 성과목표 달성전략으로 혁신하라

조직의 성과목표를 달성하기 위해 자신의 연간 성과목표를 구체화
하고 다시 월간 성과목표로 쪼개고 나면, 설정된 월간 성과목표를 실
행하기 위한 성과목표 달성전략과 실행계획을 수립한다.

공공행정 환경이 급격히 변하지 않았던 예전에는 마치 외부요인들

로부터 차단된 실험실 환경과 유사했다. 이런 환경에서는 월간 단위의 성과목표와 전략을 수립하고 실행할 필요가 없었지만, 오늘날은 공공행정 환경이 내·외부 요인들에 의해 끊임없이 변화하고 있다. 무엇보다 고객의 요구사항이 계속 진화하고 있기 때문에, 당신에게 주어진 목표도 꾸준히 움직일 수밖에 없다. 그런 만큼 자신의 목표를 달성하기 위해 좀 더 세밀한 전략과 실행계획을 세워두어야 한다.

단순히 해야 하는 일의 순서를 적어놓은 업무추진계획과 달리, 월간 성과목표 달성전략에는 공략할 대상을 중심으로 공략방법과 구체적인 실행계획이 있다. 즉 공략 타깃별로 제공해야 하는 가치와 서비스, 상품 등 방법을 다르게 하고, 이러한 방법도 대상마다 차별화되어 있다는 것이 특징이다.

더욱이 월간 성과목표는 연간 성과목표보다 규모도 작고 눈앞에서 당장 실현해야 하는 것이기 때문에, 월간 성과목표 달성전략을 더욱 세밀하게 수립할 수 있다. 연간 성과목표의 달성전략을 수립하는 것과 마찬가지로 월간 성과목표 달성전략 또한 핵심성공요인과 예상장애요인을 찾아내고, 이를 과제화하여 완성한다.

단, 이때 전제조건이 있다. 성과목표를 달성했을 때의 모습이 계량화되어 있어야 한다는 것이다. 월간 성과목표의 모습이나 상태, 조건이 어떠하다는 구체적인 모습이 손에 잡힐 듯이 명확해야 달성전략도 명확해진다.

서울 송파구청은 기존의 업무계획을 추진해서는 이룰 수 없는 다양한 창의적 전략을 운영해 1년 예산의 70% 수준인 2,674억 원을 절감하는 놀라운 성과를 거두었다. 위례 신도시 등 도시개발 사업지구 구유지 매각, 공동주택 내 보육시설 장기무상 임대, 송파1동 청사부지 무상취득, 기업 편법회계처리 정정의 세원발굴 등을 통해 예산절감과 수익증대라는 효과를 거둔 것이다. 이뿐 아니라 대기질 개선 최우선 상, 노점정비 최우수, 자원보상 활성화 등의 시상에 따른 인센티브 수입도 챙겨 부수입이 가장 많은 구청으로 알려져 있다.

이 모든 것은 기존의 업무처리 절차를 획기적으로 개선한 결과물이다. 이들의 구정활동에는 '주민들이 불편한 게 무엇인지, 개선할 게 무엇인지 찾아내 구정에 반영한다'는 경영철학이 녹아 있다. 일례로 전국에 시행되는 우측보행을 송파구청은 3년 먼저 선도적으로 추진해왔다. 주민들이 일상적으로 생활하면서 불편한 게 무엇인지 고민하는 과정에서 좌측보행이 우측보행보다 교통사고율이 1.6배 높다는 사실을 발견하고, 이를 지역주민들에게 홍보했다고 한다.

이처럼 창의적이고 혁신적인 달성전략을 수립하려면 기관 중심, 공무원 중심에서 고객인 국민 중심으로 패러다임을 전환해야 한다. 그래야 더욱 많은 개선사항이 눈에 보이고, 이를 개선하는 성공요인과 장애요인도 찾을 수 있다. 특히 고객으로부터 나오는 데이터는 그들의 요구사항과 새로운 행정서비스의 기회가 고스란히 들어 있으니 각

별히 신경 써야 한다.

앞서 소개한 송파구청은 지역주민의 교통사고 발생 이유를 조사하다가 우측보행 방침을 수립했다고 한다. 이처럼 국민 중심의 전략을 세우려면 '국민들이 왜, 무엇 때문에 불편한가?'라는 질문을 수시로 던져야 한다. 아울러 다양한 아이디어를 받아들이기 위해 일상생활에서 감각을 열고 받아들여야 한다. 송파구청은 이 외에도 '아토피 어린이집 개원', '어린이 보호차량 인증제' 등 생활에서 주민들이 불편을 느낄 사항에 대해 귀 기울여 실행에 옮기고 있다.

3. 꾸준히 성과목표를 추적 관리하라

월간 단위의 성과목표를 설정하고 이에 대한 전략을 수립했다면, 이후에는 자신이 실행한 월간 성과목표 달성전략을 모니터링하여 달성하지 못한 목표가 있는지, 있다면 이유가 무엇인지 분석해야 한다.

성과 모니터링은 단순히 월간 성과목표의 달성 여부만을 점검하고 관리하는 것을 의미하지 않는다. 그보다는 월간 성과목표에 대해 실행된 전략을 '분석'하는 것이다. 전월에 실행한 달성전략에 대한 전략과제와 목표수준 등을 점검하여 그 전략이 적합했는지를 점검하고, 이 전략과제를 지속적으로 유지할 것인지 확인하는 과정이다.

따라서 월간 성과목표 달성전략을 세울 때는 전월의 성과를 모니터링하는 과정이 생략되어서는 안 된다. 성과지표를 중심으로 전월에 추진한 성과가 무엇이었으며 연간 누계성과가 어떤지 확인하고, 이번 달에 계획했던 성과목표 중에서 달성하지 못한 목표가 있다면 만회대책도 수립하고 빠진 실행계획 등을 점검한다. 만약 상위조직이나 타 팀에 지원을 요청할 지원내용이 있다면, 구체화하여 리더와 의논하는 등 일을 시작하기 전에 미리미리 요청하는 것도 중요하다.

이런 과정이 반드시 '실행이 끝난 후'에만 진행되어야 하는 것은 아니다. 성과목표를 달성하기 위해서는 일상업무와 연계하여 월간 또는 주간 단위로 전략을 점검하고, 실행하는 도중에도 계속 수정해야 한다. 마치 파도를 탈 때 몸의 균형을 이리저리 맞추어야 하듯이, 지속적으로 전략과 실행계획을 수정하고 움직여야 원하는 성과를 얻을 수 있다.

도표 성과 모니터링의 주요 내용

- 성과목표 대비 달성도 분석
  → 어떤 성과를 달성했는가? (예상결과와 실제결과를 비교 분석)
- 전략과제별 세부 전략과제 실행여부 분석
  → 하기로 한 일은 했는가?
- 성과달성 / 미달성 원인분석
  → 성과를 달성도에 따라 분석한다면 그 요인이 무엇인가? (핵심성공요인, 예상장애요인)
  → 중요결정과 전략을 비교, 분석

성과 분석 = Not 실적 분석 But 전략분석

미달성된 목표에 대한 만회대책을 수립할 때에는 다음 사항을 참고하자.

첫째, 실패원인을 찾을 때 가장 먼저 할 일은 '전월의 성과목표달성을 위해 하기로 계획한 일을 제때 제대로 했는가'를 확인하는 것이다. 당연한 말이지만, 의외로 이 부분을 간과하는 경우가 많다.

둘째, 내가 찾은 핵심성공요인이 정말 성공요인이었는지 되짚어본다. 마치 바둑에서 복기(復棋)를 하듯이 나의 전략이 유효했는지 확인할 필요가 있다.

특히 자신이 설정한 주요 타깃이 맞다 해도 나의 전략이 과연 그들에게 가치를 제공하는 데 효과적인 방법이었는지 비교하고 분석해보아야 한다. 자신이 설정한 전략대로 공략했음에도 예상한 성과가 나오지 않았다는 것은 자신의 전략이 주요 타깃을 놓쳤거나, 공략방법이 적절하지 못했거나, 또는 목표수준에 부합하는 달성전략을 구사하지 못했다는 뜻이다. 그러므로 자신의 주장을 버리고 고객의 관점에서 바라보며, 리더 및 동료 구성원들의 의견도 적극 경청해야 올바른 결론을 낼 수 있다.

이처럼 월간 단위의 성과목표를 지속적으로 추적 관리하기 위해서는 연간 성과목표를 월간 단위로 쪼개어 모니터링하듯, 월간 성과목표를 다시 주간, 일일 단위로 쪼개어보는 것이 효과적이다.

다음 도표는 주간 성과목표 달성전략 사례다.

도표 주간 성과목표 달성전략 사례

미달성 목표	벤치마킹 대상 기업 1곳 미선정		
이번 주 성과목표	· 타 기관 및 기업체 벤치마킹 기획 초안 완료(리더 합의)		
핵심성공 & 예상장애 요인	· 벤치마킹 업체 선정의 당위성 강조 · 벤치마킹 기관 2개(OO기관, OO기관) 방문일정 우선 확정 · 벤치마킹 기업 부설 연구소 1개(OO 연구소) 조직구조 특수성 포함		
전략 실행과제	· 벤치마킹 기업 확정하여 일정 계획 수립 · 벤치마킹의 목적에 따른 핵심 질의사항 구체화		
세부 추진계획	· 벤치마킹 기관 2곳 방문 일정 확정 - C기관, 12/1 - D기관, 12/2 · 벤치마킹 B기업 마케팅 팀 김OO 대리와 미팅	· 벤치마킹 일정 계획 및 방문자 명단 확정 · 학습조 운영취합 완료 (15개조)	· 벤치마킹 핵심 질의사항 (20문항) 목록 완료 · 2010년 학습조 운영 실적 채점 - 1등(1팀), 2등(2팀), 3등(3팀) 선정
	11/1 (월)	11/2 (화)	11/3 (수)

　지난달에 벤치마킹 대상으로 타 기관 2곳과 기업 1곳을 선정하기로 성과목표를 설정했다고 하자. 그런데 당초 선정하고자 계획했던 A기업이 조직개편과 감사를 겪는 바람에 벤치마킹이 불발됐다면, '벤치마킹 기업 1곳 선정'은 달성하지 못한 성과목표가 된다. 이처럼 계획에 미치지 못한 성과목표가 생겨 만회대책을 수립할 때는, 두루뭉술하게 이번 달 성과목표에 반영하는 것보다 주간 성과목표 달성전략에 반영하는 편이 훨씬 효과적이다.

만회대책 (미달성시)	A 기업의 내부적 조직체계 변경 및 감사 기간으로 동종업계의 B기업을 벤치마킹 대상 모델로 변경(~11/2)

· 학습조 경진대회 개최(○월 ○일 100명 참석)

· ○○ 사업부 3개 학습 조 발표 PPT 확인
· 학습 조 준비 과정 동영상 제작
· 대회 취소 가능성 대비 경진대회 일정 복수 추진

· 학습조별 경진대회 발표자료 준비

· 벤치마킹 TF 브리핑용 자료 준비 (2시간, 25페이지 분량)	· 팀장님께 벤치마킹 기획서 초안 보고	· 팀장님께 보고 후, 보완해야 할 사항 체크
· 학습조별 경진대회 일정조율 (12/13~ 17) 및 참석자 인원 사전 확인	· 학습조별 경진대회 발표 운영 세부계획 수립	
11/4 (목)	11/5 (금)	11/6 (토)

이처럼 전략수립과 성과분석을 반복하다 보면, 조금씩 자신의 성과목표 달성역량이 향상되는 것을 느끼게 될 것이다. 그런 면에서 월간 성과목표 달성전략 수립은 나의 장점, 내가 생각하고 행동하는 방식, 일하는 방식 등을 지속적으로 업그레이드하는 역량계발의 기회이기도 하다.

당신이 먼저
성과코칭을 요청하라

: : 리더의 요구사항을 '삐딱하게' 듣지 말고 '똑바로' 들어라

'나를 가장 힘들게 하는 리더의 유형은?'

직장인들을 대상으로 한 설문조사 문항 중 하나다. 응답 중 1위로 꼽힌 것은 업무를 다 해놓으면 '이건 아니지, 이렇게 고쳐, 다시!'를 외치는 리더였다.

이 설문에는 '나를 가장 힘들게 하는 조직원의 유형은?'이라는 질문도 포함돼 있었다. 과연 리더들은 뭐라고 답했을까? '방향 무시, 지시 무시, 제멋에 겨워 춤추는 돈키호테 같은 구성원'이 꼴불견 1위를 차지했다. 리더와 구성원 모두 '구체적인 기준 없이 일하는 사람'을 함께하기 힘든 유형으로 지목했음을 알 수 있다.

이처럼 수요자를 생각하지 않는 전형적인 공급자 중심의 업무처리

는 성과를 달성하는 데 큰 걸림돌이 된다. 자신이 작성한 성과목표와 달성전략이 아무리 탁월해도 혼자만의 전략이라면 문제가 있다. 자기중심적인 업무처리에서 벗어나 리더에게 적극적으로 의견을 요청하고, 리더 역시 적극적으로 구성원을 코칭해줄 때 비로소 업무의 시너지 효과를 창출할 수 있다.

리더의 코칭을 받아 효과를 극대화하는 방법은 복잡하지 않다. 리더의 의견을 '제대로' 들으면 된다. 성과코칭을 잘 받기 위해서는 포용력과 수용력을 가지고 리더의 의견을 잘 듣는 것이 첫 번째 과제다. 단순히 귀 기울여 듣는 것을 넘어 진심을 다해 상대방의 말에 경청하자. 나아가 사실과 의견을 구분해서 듣는 적극적인 경청의 기술을 발휘하자.

단, 리더의 의견을 구할 때는 '타이밍'이 중요하다. 우리는 대개 일을 다 마치고 나서 리더에게 보고하는데, 일을 다 하고 나서 목적지를 맞춰보는 것이 무슨 의미가 있겠는가. 그런 습관을 버리고 일을 시작하기 전에 의견을 요청해야 한다. 누구를 또는 무엇을 대상으로 어떻게, 무엇을 할 것인지 리더와 미리 공유하라. 이 작은 노력이 성과창출의 기본동력이 된다.

누가 뭐래도 리더는 당신의 성과창출에 힘을 보태줄 제1의 고객이다. 따라서 리더가 당신에게 요구하는 것(needs)은 물론이요, 리더가 이 과제를 통해 얻고자 하는 궁극적 목적(wants)까지도 정확하게 알고 있어야 한다.

　리더의 니즈와 원츠를 효과적으로 파악하고 만족시키는 핵심 포인트는, 바로 자신이 리더의 피드백과 코칭을 어떻게 받아들이느냐 하는 것이다. 리더의 피드백을 '잔소리' 정도로 치부하는지, 아니면 자신이 달성해야 하는 성과목표에 대한 상태, 조건, 이미지를 그려주는 '고객의 요구사항'으로 받아들이는지에 따라 그 결과는 천지차이가 날 것이다.

도표 목표달성전략과 실행계획 수립에 대한 성과코칭 요청사항

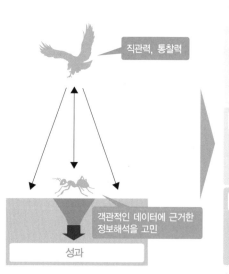

요청사항

당위성 확보
· 리더는 왜 이 일을 하려고 하는가?
· 이 일의 목적은 무엇인가?
· 이 일의 필요성은 무엇인가?

효율에 대한 자문
· 주어진 예산을 어떻게 효율적으로 사용할 것인가?
· 부족한 자원은 어떻게 조달할 것인가?

대상에 대한 고민
· 누구를 / 무엇을 대상으로 하는가?
· 목표를 달성하기 위해 무엇을 할 것인가?

직관력, 통찰력

객관적인 데이터에 근거한 정보해석을 고민

성과

:: 일 끝난 다음 '잔소리' 듣지 말고, 미리 '성과코칭'을 받아라

리더의 성과코칭이 가장 빈번하게 이루어지는 시점은 대개 성과목표를 설정할 때와 성과목표 달성전략을 수립할 때다. 리더는 다양한 직무경험과 지식, 스킬 그리고 직무에 대한 높은 이해로 무장해 있기 때문에 성과목표에 대한 직관력과 통찰력이 매우 높다. 따라서 리더는 구성원들이 성과목표 달성전략과 실행계획을 수립할 때, 객관적인 입장에서 멀리 내다보고 실행계획을 구체화해주는 성과코칭의 적임자다. 그러니 리더의 강력한 '독수리 눈'을 빌리는 데 주저하지 말라. 보다 적극적으로 성과코칭을 받을 수 있도록 자주 리더의 코칭을 요청하는 것이 좋다.

그러나 리더의 본격적인 성과코칭을 받기 전에 미리 해두어야 할 작업이 있다. 바로 성과목표의 설정, 실행, 평가 단계에서 코칭받아야 하는 핵심 포인트를 파악하는 것이다.

도표 성과관리 프로세스별 성과코칭 내용

성과목표 설정	성과목표 실행	성과평가 및 피드백
"성과목표의 추진배경, 구체적인 조건, 상태, 조감도, 달성전략에 대해 코칭 요청"	"성과목표에 대한 주요 타깃, 목표실행의 구체적 달성방법 협의"	"달성한 성과목표에 대한 기여도, 실행한 전략에 대한 분석, 객관적 근거마련 방법 등 요청"

먼저 성과목표를 계량화하는 단계에서는 목표에 대한 구체적인 기준과 조건, 추진배경 등에 대해 잘 들어야 한다. 왜 이 성과목표를 설정하는지, 성과목표의 구체적인 모습, 상태, 조건은 무엇인지를 명확하게 인식할 수 있을 정도로 코칭을 받는다.

다음 성과목표 실행 단계에서는 공략해야 하는 주요 타깃이 어디인지 논의한다. 예전에는 어떤 타깃을 설정했는지, 구체적인 공략방법은 무엇인지 질문하고 응답을 듣는다. 목표를 실행하면서 발생할 수 있는 특이사항에 대해 수시로 모니터링을 요청하는 것도 좋은 방법이다.

마지막으로 실행결과를 평가하는 단계에서는 성과분석과 목표달성에 대한 피드백을 받고, 미처 달성하지 못한 목표와 계발이 필요한 역량 등에 대해 조언을 얻는다.

예를 들어 어떤 특정 사업 아이템의 기획안을 작성한다고 해보자. 먼저 추진배경과 이슈에 대해서 충분히 들은 뒤 이를 자신의 언어로 해석하여 목차 초안을 작성하고, 성과의 기준인 품질과 납기, 투입자원 등을 정리하여 일을 시작하기 전에 리더와 합의한다.

특히 성과목표를 달성하는 데 사용 가능한 자원이 무엇인지는 자신의 목표달성전략과 직결되기 때문에, 소요자원에 대한 합의가 이루어지지 않은 상황에서는 성과목표 달성에 대한 책임을 따지는 것이 별 의미가 없다. 그러므로 리더에게 자신이 실행할 성과목표 달성전략과 실행계획, 그리고 이에 필요한 시간, 예산, 인력, 능력계발 등의 자원을 사전에 밝히고 협조를 요청하는 것이 좋다. 그렇게 해야 목표를 달성하기 위한 최적의 전략을 수립할 수 있다.

이때 주의해야 할 것이 있다. 리더의 지시나 요구사항에만 지나치게 의존하여, 시키면 시키는 대로 처리하겠다는 식의 수동적인 커뮤니케이션이다. 그러지 말고 먼저 리더를 찾아가 적극적으로 커뮤니케이션하라. 하다못해 티타임이나 점심시간을 활용해서 자신이 추진하고 싶은 내용이나 진행되고 있는 경과에 대해 구두(口頭)로라도 보고할 수 있다. 사전에 구두로 보고한 것과 그렇지 않고 나중에 서면으로 보고하는 것 사이에는 효과 면에서 상당한 차이가 있다. 제대로 일하는 사람일수록 자신이 고민하고 있는 것을 리더가 알아차릴 수 있도록 사전에 많은 정보를 공유하고 지속적으로 신호를 보낸다.

예를 들어 자신이 추진하고 싶은 새로운 프로젝트가 있다면, 이에 대한 기사자료나 책 내용을 발췌해 건네주면서 간단한 코멘트를 붙일 수도 있다. '제가 자료를 검색하다 보니 요즘 업계에서 가장 민감한 이슈는 이것이라고 합니다. 알고 계시겠지만, 혹시나 도움이 될까 싶어서 드립니다. 이 주제를 제가 추진하고 있는 업무와 연관시켜본다면….' 이런 식으로 리더가 알 수 있게, 사전에 정보를 공유하라.

사전보고나 제안을 생활화한다면 리더와 충분한 공감대를 형성하게 되고, 성과목표를 실행할 때 자신뿐 아니라 리더도 그 추진배경과 이슈 등에 대해 지속적으로 관심을 가질 수 있다.

한편 사전에 리더와 합의를 거칠 때는 사실과 구별되는 자신의 의견을 객관적으로 이야기하는 것이 중요하다. 그렇지 않고 사실과 주관적 판단이 뒤섞이면 이슈에 대한 분석과 대응방안에서 자칫 중요한 핵심을 놓칠 수 있다.

주어진 사실에 대해 긍정적 요인과 부정적 요인, 강점과 약점, 위협과 기회 등을 파악하여 보고한 다음에는, 핵심성공요인과 예상장애요인을 추출해 리더와 합의하고 대응방안을 토의하자. 언뜻 복잡해 보이지만, 이런 프로세스가 습관화된다면 고객 접점에서 긴박하게 의사결정을 할 때도 매우 큰 도움이 될 것이다.

:: 다 해놓고 말하지 말고, 진행하면서 보고하라

일을 하다 보면 중간보고를 요청하는 리더에게 별 생각 없이 "다 하고 나서 보여드리겠습니다."라고 말하는 경우가 많다. 그러면 리더는 뭐라고 하는가? "다 한 결과물이 내 의도와 다르면 어떻게 하려고?" 이렇게 되물을 것이다.

물론 그 마음을 이해는 한다. 구멍이 숭숭 난 미완성 상태가 아니라 가능한 한 완벽하게 완성해서 리더의 '잔소리'를 피하고 싶을 것이다. 그러나 한편으로는 리더의 코칭을 일의 완성도를 높이는 진심 어린 피드백으로 듣지 않고, 열심히 일하는 자신을 비난하려는 의도로 생각하는 것은 아닌지 생각해볼 일이다. 리더의 코칭을 부정적인 시각으로 볼 필요는 전혀 없다. 코칭은 코칭일 뿐, 이에 자신의 감정을 실어서는 안 된다.

일을 제대로 완수하려면 보다 많은 사람의 의견을 들어 완성도를 높이도록 노력해야 한다. 일이 진행되는 중간에 리더가 말하는 내용은 긍정적인 '의견'이지만, 일을 다 하고 난 후에 리더가 만족하지 못한다면 그때부터 리더는 '의견'이 아닌 '잔소리'를 할 수밖에 없다.

이렇듯 '독수리 눈'을 빌려야 할 때에도 타이밍을 생각해야 한다. 리더가 전략과 실행계획에 대해서 이야기할 때까지 기다리지 말고, 목표를 구체화하기 전이나 달성전략을 수립하기 전에 미리 찾아가서 적극적으로 요청해야 효과적이다.

리더가 당신을 불러 "그 일 어떻게 되어가고 있어?"라고 묻는다면, 이미 늦은 것이다. 이 말에는 '왜 아직도 보고하지 않지? 일이 잘못되었나?'라는 리더의 조급함이 깔려 있다. 그러니 리더가 물어보기 전에 먼저 리더를 찾아가라. 차라도 한 잔 하면서 "어제 말씀하셨던 그 일은…." 하고 대화를 시작하며 진행상황을 설명하고 대안을 제시해보라.

보고를 자주 한다고 짜증내는 리더는 한 명도 없다. 보고를 하지 않으면 짜증낼 사람은 많지만 말이다. 그러니 리더에게 언제까지 보고할 것이라고 알려주고, 혹여 늦어지면 언제까지는 보고하겠다고 미리 이야기하라. 리더가 부재중이라면 중요한 의사결정을 해야 할 일이나 과제수행 결과는 이메일이나 문자 메시지로라도 알리는 것이 좋다.

'지시받는 보고'가 되기 전에 먼저 '찾아가는 제안'을 생활화하라. 미리 보고하면 리더의 재촉을 받지 않으므로 편한 마음으로 업무를 추진할 수 있고, 리더도 예상시간을 체크하고 그에 따라 스케줄을 조정하면 되는 일석이조의 효과를 얻을 수 있다. 이렇게 커뮤니케이션을 능동적으로 관리한다면 당신을 바라보는 리더의 시선이 달라질 것이다.

: : 십시일반의 정신으로 동료들의 훈수를 귀 기울여 들어라

가끔 보면 지적이나 쓴소리에 유난히 예민하게 반응하는 사람들이 있다. 만약 리더가 자신에게 업무를 지시하는데 '뭘 안다고 저렇게 이야기할까?' '그렇게 많이 알면 당신이 하지 왜 날 시켜?' 하는 불만의 소리가 마음속에서 들려온다면, 우선 심호흡을 크게 한번 해라. 그리고 다시 한 번 곰곰이 생각해보라. 왜 리더가 나에게 이런 이야기를 하는가? 무엇을 대상으로 리더가 이런 이야기를 하는가? 그러면 자신의 인격이 아닌 자신의 성과목표에 대해서, 성과목표를 훌륭히 달성하기 위해서 하는 말임을 알게 될 것이다. 성과목표를 달성하기 위한 일종의 전략적 팁을 준다고 생각한다면 더욱 좋다.

누군가 당신의 성과목표와 전략에 대해서 의견을 제시한다면 진심으로 귀 기울여 듣고, 마음껏 이야기할 수 있도록 배려하라. 비단 리더만이 아니라 누가 얘기하든 그래야 한다. 물론 그중에는 정말 쓸 만한 의견도 있을 것이고, 무의미한 잔소리나 비아냥거림도 있을 수 있다. 그러나 보다 효과적으로 성과를 창출하려면, 가능한 한 다른 사람들의 의견을 겸허히 받아들이고, 고칠 부분이 있다면 개선하려고 노력해야 한다. 부정적인 피드백을 듣는다고 억울해하기만 한다면 진정한 발전을 이루기 어렵다. 마치 시냇물에 흐르는 모래 속에서 사금(砂金)을 채취하듯, 비평가들의 의견 중에서도 자신이 보완해야 할 것들을 하나하나 꼼꼼히 점검하여 체크해보는 것이 옳다.

그러니 부정적인 피드백일수록 더욱 경청하라. 다 알고 있다는 듯이 말을 자르거나, 자기합리화를 하는 행위는 금물이다.

어떻게 말하든 비판을 들을 때는 다소 거북하고 기분 나쁜 것이 사실이다. 그러나 그렇다고 해서 비판에 대해 화를 낸다거나 핑계를 댄다면 성장에 한계가 있을 수밖에 없다는 사실을 명심해야 한다. 타인의 지적을 잔소리라고 무시했다가 성과가 보잘것없게 나오고, "내 그럴 줄 알았다."는 주위의 비아냥거림을 당하는 것보다는 백번 낫지 않은가? 진심으로 당신의 부족한 부분을 지적해주는 동료나 선배들이 당신의 성과를 발전시킬 수 있음을 기억하자.

:: '사전에' 구체화하고, '실행 중에' 보고하고, '끝내며' 확인하라

　지금까지 살펴보았듯이, 리더의 적극적인 지원을 얻어내고 자신이 성과코칭을 받는 과정에서 가장 중요한 것은 바로 '커뮤니케이션 역량'이다. 앞서 우리가 이야기했던 많은 과정들도 넓게 보면 모두 커뮤니케이션에 포함된다.

　구성원들이 반드시 익혀야 할 커뮤니케이션 역량 가운데 가장 대표적인 것으로 '제안형 3단계 커뮤니케이션'이 있다.

　첫 번째는 '시작 및 착수 단계'다. 이 단계의 핵심은 리더의 지시사항을 정확하게 파악하고 자신의 언어로 해석해내는 역량이다.

도표 프로세스 중심의 제안형 3단계 커뮤니케이션

리더의 지시사항을 들은 후 자신이 생각하는 바를 재정리하여 설명할 수 있어야 한다. 그렇다고 듣자마자 바로 말하면 그 문제에 대해 전혀 고민하거나 생각하지 않은 것처럼 보일 수도 있으니, 자리에 돌아와 차분하게 정리한 후 찾아가 의논하는 것이 좋다.

이 단계에서 간과해서는 안 될 또 하나의 핵심 포인트는 리더의 구체적인 요구사항과 궁극적 목적을 뽑아내는 것이다. 리더가 업무를 지시하면 무조건 알았다고만 할 것이 아니라, 무엇을 요구하는지 구체적으로 파악해야 한다. 구체적인 요구사항을 파악했다면 사안에 따라 언제까지 어떻게 실행할지, 대략적인 스케치에 해당하는 실행계획을 세워서 리더와 공감대를 형성해야 한다. 이 과정에서 심도 깊은 성과코칭이 이루어질 것이다.

우리가 가장 서툰 부분이 바로 이 대목이다. 명확하지 않은 업무지시를 받고 자기 생각대로 실행부터 한다면, 어떤 결과가 발생하겠는가? 열심히 일하고 나서도 리더가 그렸던 그림과 부합하지 않아서, 질책을 받아가며 다시 일을 해야 한다. 이 모든 것이 일을 하기 전에 달성하려는 성과목표와 실행하려는 방법에 대해 공감대를 형성하지 못했기 때문이다.

물론 리더도 막연히 업무를 지시하지 말고 구체적으로 성과목표를 요청해야 하지만, 기본적으로 일을 수행하는 구성원이 적극적으로 리더와 소통하려는 노력을 해야 한다.

두 번째는 '실행 단계'다. 실행하는 중에는 사전에 합의한 성과 기준을 바탕으로 그때그때 성과코칭을 받아야 한다. 실행내용을 보고하면서, 업무의 방향이 잘못되지는 않았는지 중간체크를 받는 것이다. 만약 잘못된 점이 있다면 이때 바로잡아 일을 그르치는 것을 방지할 수 있다. 예를 들어 기획안을 작성 중이라면, 완성본을 만들기 전에 초안을 갖고 리더와 내용에 대해 구체적으로 의논하는 것이 좋다.

마지막은 '완료 단계'다. 최종결과를 보고하기 이전에 마지막 '확인' 단계를 꼭 거쳐야 한다. 이때는 90% 이상 완성된 일을 가지고 리더와 최종점검차 커뮤니케이션을 한다. 가안이 확정되어 보고서를 100% 완성하면 비로소 일이 완전히 마무리된다.

이 3단계는 어떻게 보면 뻔한 잔소리라고 생각될 만큼 당연한 프로세스다. 그러나 익숙하지 않은 사람에게는 생각보다 좀처럼 실행하기 어려운 것이기도 하다. 우리 주위에는 이것을 제대로 하지 못해 엉뚱한 일을 하거나, 같은 일을 두세 번씩 반복하는 사람들이 의외로 많다.

리더와 긴밀하게 커뮤니케이션하고, 어려울 때는 제안형 3단계 커뮤니케이션의 도움을 받아라. 그 시간은 온전히 당신만을 위한 성과코칭의 장(場)이 되어, 훗날 당신의 역량을 키우는 데 알찬 밑거름 역할을 해줄 것이다.

최종성과에 대해
냉정하게 피드백하라 단계
6

지금까지의 과정을 거쳐 최종성과가 나왔다면 이제는 성과분석을 할 차례다.

최종성과에 대해 자신과 리더에게 피드백을 하기에 앞서 자신이 달성한 성과와 그동안 실행한 전략에 대한 분석을 해야 한다. 이처럼 달성한 성과와 실행한 전략을 분석하는 것을 '성과분석'이라 한다.

일반적으로 성과분석을 한다고 하면서 성과 전반을 꼼꼼히 검토하기보다는 '숫자'로 나타난 업무실적을 단순 비교하는 데 그치는 경우가 많다. 그저 하기로 한 일을 달성했는지에만 관심을 두고, 성과분석을 어떻게 활용할지에 대해서는 신경 쓰지 않는 것이다.

앞서 언급했듯이, 성과분석을 실시하는 목적은 올바른 피드백을 하기 위함이다. 그럼으로써 자신이 수립하고 실행한 전략의 정확성을 지속적으로 높이고, 다음 성과목표를 수립하는 데 기여해야 성과 분석이 잘되었다고 할 수 있다.

최종성과를 피드백하기 위한 성과분석은 크게 4단계로 나눌 수 있다. 하나씩 살펴보도록 하자.

1. 무조건 성과를 주장하기 전에 객관적 근거를 확보하라

평가는 평가하는 행위 자체도 중요하지만, 더 중요한 것은 근거 있는 피드백으로 평가대상자인 자신의 행동개선을 촉진하고 진정한 가치를 이끌어내는 것이다. 그리고 이를 통해 자신의 역량을 계발하는 데 초점을 맞춰야 한다.

따라서 성과분석을 할 때에는 단순히 계획에 대비해 달성한 성과를 비교하고 점검할 것이 아니라, 자신의 역량과 업무수행의 가치를 있는 그대로 평가하는 데 초점을 맞추어야 한다. 자신의 성과와 관련된 객관적인 사실과 근거를 확보해 그 안에서 평가의 요소를 찾아내야 할 것이다.

얼마 전 방문한 공공기관에서 재미있는 일화를 하나 들었다. 우리 공공기관의 현실을 너무나도 잘 보여주는 것 같아, 짧게나마 소개해 보겠다.

분기계획 대비 성과가 저조해 국장에게 시달림을 당하고 있는 고객만족팀의 김 팀장. 자리로 돌아와 팀원들을 소집해 회의를 열었다.

"윤 계장, 3/4분기 실적 집계는 나왔나?"

"네, 3/4분기에는 ○○지역보다는 △△지역을 중심으로 서비스를 강화하여 진행했습니다."

"누가 그걸 몰라? 필요한 것만 보고하라고! 요점만 빨리빨리! ○○지역 서비스 지원 현황은?"

"(움찔하며) 아, 네. ○○지역은 애초 예상했던 것보다 20% 정도 더 높은···."

"정도가 뭐야, 정도가? 정확한 수치를 말해야지!"

"아, 네. 21.7%입니다. 그런데 △△지역은 좀 저조했습니다. 총 서비스 제공건수가 180건으로, 질적 업그레이드를 위한 새로운 서비스 강화 대책을 수립해야 할 것 같습니다."

"그래, 그럼. 우리도 성과를 내야 하니 서비스의 양적인 면은 낮출 수 없고, 일단 다른 기관에 물어서 해결방안을 모색해봐."

"팀장님, 그런데 무조건 다른 기관에 물어보는 것보다는 먼저 구민들의 의견을 소상히 들어보는 것이···."

"(버럭 화를 내며) 그 기관이 우리하고 연락을 한두 번 하나? 그리고 그렇게 시간이 많이 걸리는 방법은 아무도 좋아하질 않아요. 생각을 해보란 말이야."

"그래도 이건 좀···."

"허허, 윤 계장, 그렇게 안 봤는데 진짜 고집 세네. 팀장이 하라는데 무슨 꼬투리를 그렇게 잡나? 자네 참 머리 좋구먼, 해보지도 않았으면서 '된다, 안 된다' 그렇게 쉽게 판단하는 걸 보니 말이야. 중요한 건 감(感)과 경험이야. 나는 당신들이 학생 때부터 우리 부서에서 근무해온 사람이야. 우선 내가 하라는 대로 진행해봐."

"…."

"자, 그럼 내가 말한 대로 하면 되겠네? 그렇게 알고 일들 하라고."

무조건 자신의 지시사항에 따라야 한다는 리더, 해보기 전에 안 될 것 같다는 구성원, 둘 다 큰 문제가 있다. 이 상황에서 윤 계장이 취할 수 있는 최선의 방안은 무엇일까? 자신의 성과를 어떻게 분석해야 하고, 다음 목표를 달성하기 위해 어떤 전략을 수립하는 것이 좋을까?

가장 먼저 할 일은 목표달성결과에 대한 객관적인 사실과 근거 데이터를 확보하는 것이다. 가장 가까이 있는 데이터, 즉 자신이 달성한 성과부터 철저히 분석하라. 성과목표 대비 성과달성 여부를 객관적으로 공유할 수 있는 자료가 있는지부터 살펴보자. 그런 다음 성과목표를 달성하기 위해 수립한 전략에 따라 업무를 수행했는지 분석한다.

이때 단순히 목표 대비 달성도만 점검하고 끝내서는 곤란하다. 달성전략이 적합한 것이었는지, 이를 수행할 만한 역량을 보유하고 있었는지 함께 파악해야 한다. 이러한 과정을 거쳐야 자신이 수립한 비전 및 중기목표를 달성할 수 있는지 확인하고, 필요한 역량을 계발할 수 있다.

성과분석을 할 때는 자신이 달성한 탁월한 성과목표를 먼저 다루는 것이 순서다. 어떻게 해서 그런 성과가 나왔는지, 자신의 역량 때문인지 외부환경 덕분인지 파악하자. 만약 자신의 역량과 전략에 의해 달성된 성과라면, 자신의 장점을 반드시 기록하고 이를 지속적으로 활용하기 위한 방법을 강구한다.

그런 다음 자신이 달성하지 못한 성과목표를 살펴보고, 그 원인이 자신에게 있는지 외부환경에 있는지 분석한다. 외부환경이 급격하게 변화되었거나 자신이 예측하지 못한 장애요인 때문에 성과가 달성되지 못했다면, 핵심성공요인과 예상장애요인을 제대로 파악하지 않고 전략을 수립했다는 의미이므로 애초에 수립한 전략이 잘못되었음을 알 수 있다. 그게 아니라 만약 자신의 역량이 부족했기 때문이라면, 자신의 약점이 무엇인지 정확하고 객관적으로 파악해 기록한다.

객관적인 근거를 마련하려면 방학숙제하듯 연말에 몰아서 정리하지 말고, 평소에 자신이 수행하는 전략과 자신의 역량에 대해 꾸준히 기록해두어야 한다. 연말이 되어서야 허둥지둥 데이터를 수집한다면,

실질적이고 객관적인 평가를 하기 어려울 것이다. 성과목표를 실행하는 시점에 즉시 그 근거나 데이터를 확보하고, 연초에 수립했던 달성전략에 대비해 스스로 핵심성과지표를 측정하고 평가하자. 물론 모니터링에만 그치지 말고, 개선사항이 생기면 계속 고쳐나가는 과정역시 반드시 뒤따라야 할 것이다.

2. 사전계획과 실제 실행전략을 비교 분석하라

앞서 이야기했듯, 평가란 본질적으로 자신의 가치를 제고하기 위한 행위다. 따라서 자신이 어떤 생각으로 성과를 수행했는지 따져보고, 거기에서 자신의 강점과 약점을 찾아내는 것이 중요하다.

자신이 달성한 성과와 계획을 비교 분석했다면, 자신이 성과목표를 달성하기 위해 수립했던 전략과제와 핵심성과지표, 실행방법에 의미 있는 시사점이 무엇인지 도출해본다. 자신이 달성한 성과를 분석하고 구사했던 전략을 점검함으로써, 다시 목표를 설정할 때는 어디에 집중해야 하는지, 어떤 전략을 수립하는 것이 유효한지 판단을 내리는 것이 가장 중요하다. 스스로 노력해도 안 되는 분야에 한정된 시간과 예산, 사람을 두 번 세 번 쏟아 붓는 것만큼 어리석은 처사도 없다.

애초에 계획했던 성과목표 대비 성과를 비교하면, 연간목표 중 미달성한 목표가 생기기도 한다. 이를 '미달성목표' 또는 '부진성과'라 하는데, 이에 대해서는 만회할 대책을 세워야 한다. 물론 만회대책을 세우다 보면 자신의 한계를 뼈아프게 느끼는 경우도 많다. 계획했던 전략과제를 모두 실행하고, 타깃으로 했던 고객이나 업무 프로세스를 모두 공략했는데도 목표가 달성되지 않았다면 스스로도 어처구니 없을 수밖에 없다.

그러나 괜한 자괴감에만 빠져 있어서는 안 된다. 고객의 기대수준을 구체화한 목표를 달성하지 못했다면, 이는 자신의 역량이나 전략이 여전히 핵심 타깃에게 어필하지 못하고 있다는 증거로 겸허히 받아들여야 한다. 자신은 아무리 최선을 다했다 하더라도, 고객과 성과에 대한 통찰력이나 직관력이 부족하다면 고객과 공공행정에 대해 좀 더 냉정하게 분석하고 판단해보아야 할 것이다.

3. 평가면담, 기다리지 말고 먼저 찾아가라

평가면담은 성과목표를 달성하기 위한 실행과정과 그 결과를 되돌아보고, 평가자인 리더와 평가대상자인 자신이 의견을 교환하는 과정이다.

평가면담은 단순히 한 해나 반기를 결산하는 것으로 끝나지 않는다. 그보다는 오히려 다음 목표를 설정하는 근거를 확보하는 과정이며, 리더에게 자신이 실질적으로 인정받았다고 느끼게 되는 구체적 결실의 단계다.

평가결과는 자신의 목표를 달성하고 앞으로 나아가기 위한 하나의 디딤돌과 같다. 평가결과에 일희일비하지 말고, 긍정적으로 수용하여 앞으로 나아갈 방향성을 도출하자. 그래야 발전이 있다.

평가결과가 차기 목표설정과 역량계발에 기여하는 정도는, 당신이 평가면담을 얼마나 성실히 준비하느냐에 달려 있다. 따라서 면담을 준비할 때 단순히 과거 업무실적에 대한 근거만을 챙길 것이 아니라 목표 대비 성과를 비교 분석해야 한다. 자신의 강점과 약점, 자신이 생각했던 전략과제, 실행했던 전략과 실행과정, 달성한 성과에 대한 구체적인 근거, 실패 원인, 핵심성공요인 및 예상장애요인 등을 분석하여 면담에 임한다면 리더와 보다 깊이 있는 의견을 교환할 수 있다.

이렇게 평가와 면담을 거치면서 예측 가능한 공공행정 환경의 변화를 고려하여, 자신의 비전 및 중기목표를 중심으로 재차 전략을 수정하고 보완할 수도 있다. 이 점을 잊지 말고 더욱 적극적으로 평가면담에 임하도록 하자.

4. '청·정·청·문·답'을 습관화하라

'청·정·청·문·답'이란, 성과를 달성하기 위한 전략을 실행하면서 활용할 수 있는 가장 효과적인 커뮤니케이션 스킬 5가지를 일컫는 말이다. 풀어서 설명하면, 행간의 맥락까지 제대로 파악하는 '경청', 타인의 관점과 의견에 대한 '인정', 타인에게 실행을 부탁하는 '요청', 답을 찾아가기 위한 과정인 '질문', 원하는 바를 명쾌하게 전달하는 '응답'이 그것이다.

최근에는 조직 내 커뮤니케이션이 더욱 강조되면서 잘 말하고, 잘 전달하기 위해서는 '잘 듣는' 것이 중요하다는 인식이 보편화됐다. 그래서 등장한 것이 '경청'이라는 화두다.

경청을 하려면 중요한 것과 중요하지 않은 것을 성급하게 나누지 않고, 다른 구성원의 생각을 함께 따라가겠다는 마음가짐이 있어야

도표 '청·정·청·문·답'의 주요 내용
- -

경청 / 인정 / 요청 / 질문 / 응답

- 자기 입장에서 판단하지 않고 상대와 공감하며 사실과 의견을 구분하여 듣는 적극적 '경청'
- 타인의 관점이 틀린 것이 아니라 '다르다'고 인식하고, 구체적 칭찬으로 이끄는 '인정'
- 역할 중심의 사고를 바탕으로 권위, 지시, 강요가 아닌 충분한 설명으로 부탁하는 '요청'
- 상대가 스스로 답을 찾고, 동기를 부여하게 하는 개방형 '질문'
- 질문에 대해 결론부터 말하며, 간략하고, 명쾌하게 근거와 사례를 제시하는 '응답'

한다. 또한 전체 메시지를 다 받아들이기 전까지 응답이나 다음 질문을 삼가는 신중한 자세도 중요하다.

이러한 '경청'의 의미 속에는 말하는 사람의 숨겨진 욕구를 찾아서 공감하고 충족시킴으로써 상대를 내 편으로 만든다는 철학이 포함되어 있다. 상대의 의중을 분명히 파악하면 적합한 해결책을 제시할 수 있고, 그렇다면 공감을 이끌어낼 수 있다. 리더의 요구사항을 명확히 파악하기 위해서는 무엇보다 경청이 가장 중요하다.

그렇다면 어떻게 해야 경청하는 것일까? 경청이라는 단어에는 다음의 두 가지 의미가 숨어 있다.

첫째, 리더의 숨겨진 욕구, 즉 '원츠'를 잘 들어야 한다. 리더가 왜 그런 지시를 내렸는지, 왜 저렇게 주저하는지, 이면에 숨겨진 욕구를 정확하게 듣는다. 즉 단순히 듣는 것을 넘어 '공감대를 형성하며 적극적으로 들어야' 한다.

둘째, 상대방의 말에서 '객관적 사실'과 '주관적 의견'을 구분하여 파악한다. 이를 토대로 성과목표 달성에 영향을 미칠 만한 주요한 요인들을 찾아낸다.

특히 리더의 이야기를 들을 때는 리더가 궁금해하는 사항과 자신이 생각하는 주요 요인에 대해 사전에 구체화해두는 것이 좋다. 리더의 관점에서 보는 요인과 자신이 생각하는 요인을 비교함으로써 자신의 관점을 더욱 확장할 수 있을 것이다. 이렇게 파악한 주요 요인에 대해서는 미리 대안을 준비해두자.

리더와 대화할 때는 말을 너무 많이 하지 말고 다 들은 후에 응답하며, 적절히 말문을 틔워주는 어구를 활용하는 것이 좋다. 예컨대 "그렇군요. 그건 흥미롭습니다.""참신한 아이디어입니다. 알겠습니다." 등의 격려 스킬, "지금 말씀하신 것을 정리해보면….""다른 말로 하면 이것은…." 등의 반복확인 스킬, "이런 것들이 마음에 걸리셨군요. 알겠습니다. 반영하겠습니다." 등의 반영 스킬, "말씀하신 것을 제가 잘 이해한 거라면, 이 경우엔 이렇게 된다는 말씀이군요." 등의 요약 스킬을 활용한다.

커뮤니케이션의 두 번째 스킬은 '인정'이다.

'인정'은 리더와 구성원의 생각과 관점이 다양할 수 있음을 인정하고 이해하려고 노력하는 것이다. 앞서 설명했듯 리더는 '제1의 고객'이다. 이 사실을 먼저 받아들이고, 고객인 리더가 선택한 방법이나 생각이 자신의 그것과 다를 수도 있음을 인정해야 한다.

리더의 생각을 먼저 인정하고, 왜 그런 방법을 생각했는지, 보완해야 할 부분은 무엇인지 질문을 통해 자연스럽게 공유하는 것이 바람직하다. 만약 나와 상대방의 방법 모두 성과를 내는 데 큰 차이가 없다면, 상대방의 의견과 방법을 인정하고 받아들이는 것 또한 하나의 방법이다.

결국 '인정'이란 자신의 눈높이를 상대방과 맞추는 것이며, 자신의 의견과 방법만이 옳은 것이 아니라는 것을 수용하는 것이다. 이때 활용할 수 있는 가장 좋은 팁이 바로 '칭찬'이다. 상대를 칭찬하며 인정해주는 것이다. 두루뭉술하게 "그거 좋은데요."라고 하기보다는 구체적인 내용과 행동을 언급하며 칭찬하는 것이 좋고, 가능하면 여러 사람 앞에서 하는 것이 더욱 좋다.

세 번째 스킬인 '요청'은 다른 구성원들에게 무언가를 실행하도록 부탁하는 행위다.

제대로 요청이 이루어지면 상대방은 요청받은 일이 자신이 선택한 '자신의 일'이라고 생각하게 된다. 리더가 일을 요청하지 않고 지시하기만 한다면, 자발적 의지 없이 움직이는 구성원에게서 능동성이나 주체성은 기대할 수 없을 것이다.

그러므로 요청은 권위와 강요의 말투로 이루어져서는 안 된다. 상황이나 배경에 대해 충분히 설명해주고, 정확한 기한을 명시한다. 급하게 일을 요청하는 경우에는 더욱 그러하다. 또한 본인은 우선순위에 따라 일의 진행방식을 결정했더라도, 요청하는 상대에게 자신이 생각하는 업무처리 방향, 방법, 절차 및 주의할 점에 대해 사전에 충분히 설명하고 동의를 구해야 한다.

또한 왜 일을 이렇게 추진하게 되었는지, 왜 그렇게 해야 하는지 배경을 설명하면서, 요청한 과제들이 실행되었을 때 나타날 기대효과에 대해서도 구체적으로 함께 그려본다. 자신이 달성할 목표가 손에 잡히지 않을 정도로 선명하지 않으면서 타인에게 지원요청을 한다면 자칫 '배가 산으로 갈' 수 있다. 이와 함께 업무처리에 필요한 권한과 요구사항이 있다면 수시로 지원한다.

요청의 기본철학은 서로의 역할이 다르다는 것을 인정하는 것이다. 자율책임경영은 실행주체들이 스스로 업무에 대한 주인의식을 가지고 도전적이고 열정적으로 성과를 달성하는 과정이다. 이를 명심하고, 일을 할 때 요청의 원리를 활용해보도록 하라.

네 번째 스킬은 '질문'이다.

앞에서도 잠깐 언급했지만, 질문은 구성원 스스로 해답을 찾고 동기를 높일 수 있는 좋은 방법이다. 스스로에게 목표를 달성하기 위해 중점적으로 고려해야 할 사항을 질문하는 것도 좋은 습관이다.

질문의 형태는 '예', '아니오' 등의 단답형 답을 묻는 것보다는 타인의 다양한 의견을 들을 수 있는 개방형이 좋다. 다양한 관점을 인정하고 그들의 입장에서 질문을 던지면, 목표달성에 영향을 미치는 핵심성공요인과 예상장애요인을 더욱 많이 찾아낼 수 있다. 관점의 다양성을 인정할 때 더 높은 성과를 가능케 하는 요인을 파악할 수 있고, 이를 고려해 더 높은 수준의 전략을 구상할 수 있다.

좋은 질문은 간단명료하면서도 핵심을 짚는 것이다. 너무 길게 늘어지면 앞부분에서 무슨 말을 했는지 잊어버릴 수 있으며, 결정적으로 질문의 의도가 무엇인지 파악하기도 어렵다. 아울러 표현에서도 수동태 표현, 모호한 표현, 다중 부정 등의 표현을 사용하지 않고 단순한 구조로 질문한다. 또한 질문 의도 및 목적을 명확히 하며 질문이 주제와 대상을 벗어나지 않도록 한다.

마지막 다섯 번째 스킬은 '응답'이다.

질문에 응답할 때는 묻는 의도를 정확하게 파악하여 결론부터 말한다. 가능한 간략하고 명쾌하게 대답하되, 근거나 사례를 제시하면 설득력이 높아진다.

응답할 때 자신의 성과책임을 망각한 채 변명으로 시작하거나 핵심 없이 장황하게 이야기하는 것, 두루뭉술하게 대답하는 것은 절대 피해야 할 금기사항이다. 특히 무엇보다도 정직하게 말해야 한다. 자신의 의견을 사실인 것처럼 말하거나 몇몇 사람의 의견을 사실처럼 과대 포장해서는 안 된다.

비전을 중심으로 역량을 계발하라

단계 7

1. 역량계발의 출발점, 자신의 미션과 비전을 선명하게 디자인하라

우리 자신이 리더의 통제나 간섭 없이 자율성을 인정받고 신바람 나게 일하기 위해서는, 무엇보다 리더의 인정을 받을 만한 전략실행 역량을 가지고 있어야 한다.

역량이라는 것은 인체로 따지면 '근육'에 비유할 수 있는데, 근육이 많이 발달할수록 우리가 원하는 일을 빠른 시간 안에 달성하는 것은 물론, 건강한 삶을 영위할 수 있다. 따라서 근육에 해당하는 역량의 모양과 질을 제대로 발달시키기 위해 자신만의 차별화된 방법으로 접근할 필요가 있다.

역량이 일을 하는 근육이라면, 미션은 마치 '심장'과도 같다. 온몸에 혈액을 순환시켜 사람을 생동감 있고 열정적으로 만드는 근원이자 자신의 역량을 집중하는 초점이 되며, 스스로 업무를 몰입하게 만드는 동기부여의 원천이 된다.

개인의 신념체계 중에서도 미션과 비전은 조직생활을 하면서 자신을 지탱할 삶의 방향을 제시해주고, 내가 왜 이 조직에 존재하는지에 대한 이유와 당위성을 확신하게 해준다. 이런 점에서 미션과 비전은 개인의 역량을 계발하고자 마음먹게 하는 중요한 단초이기도 하다.

국민을 위해 헌신해야 하는 공무원이라면 미션과 비전의 정립이 더욱 중요하다. 개인 차원의 미션과 비전을 디자인해보라고 하는 것은, 공무원 개인이 눈앞에 보이는 단기성과에만 집착하지 말고, 중장기적으로 국민에게 기여할 수 있는 바람직한 성과를 내는 근본방향에 대해 고민해보자는 의미가 짙게 깔려 있다.

개인의 미션은 자신이 세상에 혹은 조직에 존재하는 근본적 이유이며, 내가 정말 하고 싶고 가치 있다고 생각하는 일, 내가 차별화되게 기여하고자 하는 일이다. '나는 왜, 누구를 위해 이 일을 하고 있는가?'에 대해 스스로 대답할 수 있어야 한다. 이 외에도 기업의 미션과 마찬가지로 '왜 존재하는지, 무엇을 위해 일을 하고 있는지'를 나타내기도 한다.

정리해보면, 나는 많은 공공기관 중에서 왜 지금 이 기관, 이 과에서 근무하는지, 그것을 통해 내가 인생에서 추구하는 것은 무엇인지 나타내는 자신의 존재목적이자 사명의식, 추구하는 신념이 바로 '미션'이다.

사람은 누구나 인생을 살아가는 궁극적인 이유인 미션을 마음속으로 갖고 있지만, 단지 마음속으로만 간직해서는 그것을 제대로 이루기 어렵다. 그래서 자신이 왜 존재하는지, 왜 살아가고 있는지, 궁극적으로 추구하는 목적이 무엇인지를 명백하게 나타내고 이를 수시로 일깨우기 위한 자신만의 '미션 선언서'가 필요하다.

아래 도표는 서울 강남에 있는 수서경찰서 박재진 서장의 미션을 예로 든 것이다.

경찰서장인 자신은 수서지역 주민과 자신이 몸담고 있는 경찰을 위해, 자신이 성과를 책임지고 있는 수서지역 내 주민의 생명과 신체, 재산을 보호하여 공공의 안녕과 질서를 유지하고, 주민이 편안하고 행복한 삶을 누리도록 하는 데 자신의 존재 이유가 있음을 밝히고 있다. 이처럼 '미션 선언서'는 비록 몇 줄에 불과한 짧은 글이지만, 그것이 있느냐 없느냐에 따라 개인 또는 조직이 발전하는 양상은 매우

도표 수서경찰서 박재진 서장의 미션 사례

수서경찰서장의 미션
"나는 '지역 주민의 생명, 신체 및 재산 보호와 공공의 안녕과 질서 유지'라는 경찰서장의 성과책임을 완수함으로써 모든 주민이 편안하고 행복한 삶을 누리도록 한다."

달라진다.

미션이 있는 사람은 자신이 달성하고자 하는 목표를 반드시 성취해야 하는 근본적 이유를 깨닫고, 나아가야 할 길에 대한 방향성을 품게 된다. 즉 스스로에게 자신의 직업과 인생에 대한 보람과 긍지를 갖도록 만드는 것이 미션의 힘이다. 잘 정리된 미션은 목적지를 향한 나침반과도 같아서, 항상 가까이에 두면 혹시라도 길을 잃고 헤매지 않을까 걱정할 필요가 없다. 이처럼 미션은 자기 스스로를 이끌게 하고, 성과를 달성하는 영감과 몰입을 불러일으켜 의지를 다지게 한다. 자신의 역량을 최대한 발휘할 수 있고 성과목표 달성을 위해 제대로 실행할 수 있는 정신적인 바탕, 사상적인 명분을 제공하는 것이 바로 개인 미션이다.

다음은 자신의 미션을 설정하기 위해 스스로 답해야 할 질문들이다.

도표 개인 미션을 구체화하는 핵심 질문

----

❶ 내 인생에 가장 가치 있는 일은 무엇인가?

❷ 내가 살고 있는 이 사회에 기여하고자 하는 것은 무엇인가?

❸ 나의 고객은 누구인가?

❹ 나의 고객이 나에게 기대하는 가치는 무엇인가?

❺ 현재와 미래, 내가 계속 존재해야 하는 중요한 이유는 무엇인가?

❻ 이 세상에서 내가 없다면 세상이 잃어버릴 것은 무엇인가?

❼ 다섯 번 '왜'를 외쳐도 그 이유를 설명할 수 있는가?

가장 먼저, 내 인생에서 가장 가치 있는 일은 무엇인지 적어본다. 그다음에는 평소 자신의 고객은 누구라고 생각하는지 정리해본다. 가족, 조직 내 구성원들, 기관 등 자신을 둘러싼 고객을 정리해본다.

다음으로는 고객들이 자신에게 기대하는 가치는 무엇인지 적어보자. 가족에게 어떻게 행복하고 윤택한 삶을 선사할지, 조직 내에서는 리더 또는 구성원으로서 어떤 목표를 달성하고, 다른 구성원에게 어떤 가치를 제공할 것인지 가치지향적인 표현으로 정리해본다. 내가 정말 몸담고 있는 조직에 기여하고자 하는 업무나 일이 무엇인지 정리해보는 것이다.

마지막으로 자신이 존재하는 궁극적인 이유에 대해서 적어본다. 세상에서 자신이 존재하는 이유를 적고, 그 이유에 대해 다시 한 번 꼼꼼히 설명해보고 정리한다.

이와 같은 과정을 통해, 개인의 미션을 구체화하고 자신과 자신이 속한 기관의 미션이 서로 조화를 이룬다면 개인은 물론이요, 기관도 모두 행복할 수 있다. 그래서 가능하면 소속 부서의 구성원들과 함께 기관의 미션은 물론 팀의 미션, 개인 미션을 공유하는 것이 좋다. 기관, 리더, 구성원 간에 서로의 미션을 공유하고 나면 공동으로 나아가야 할 방향에 대해 혼란 없이 실행할 수 있고, 의사결정을 할 때도 '한 방향'으로 협업함으로써 바람직한 기관문화 구축의 토대를 마련할 수 있다.

미션을 통해 자신의 정신적 바탕이 구축되면, 그다음으로 미션을 추구하기 위해 자신이 일정 시점까지 도달하고자 하는 구체적인 모습을 디자인할 차례다. '디자인한다'는 것은 단순한 글로만 표현하지 말고 자신이 도달하고자 하는 모습에 대해서 세밀하게 구체화하고 좀 더 계량화하라는 의미를 강조하는 의미에서 사용한 표현이다.

흔히 기업은 미래의 일정 시점까지 조직이 도달하고자 하는 모습을 '비전'의 형태로 구체화한다.

비전은 나의 존재목적 또는 사명이 달성되었을 때 이루어지리라고 예상되는 구체적이고 생생한 청사진이다. 비전은 미션을 추구하는 실행수단으로서, 적성과 역량을 바탕으로 내가 가장 잘할 수 있는 것이기도 하다.

사람은 누구나 자신의 꿈을 꾼다. 꿈에서는 무엇이라도 가능하다. 'OO처럼 되겠다', '몇 년 후엔 OO한 사람이 될 테야' 등의 생각은 누구라도 할 수 있다. 하지만 그것이 몽상에 불과하다면 꿈은 그저 꿈으로만 머물 뿐이다. 꿈을 계획으로 만들고 실천해야 비전이 된다. 그러므로 비전에는 '이 목표를 이루기 위해 나 자신은 이러한 일을 할 것이다'라는 구체적인 행동방향까지 포함되어 있어야 한다.

비전이란 '어디로 갈 것인가, 그리고 그곳에서 우리가 무엇이 될 것인가' 등을 포함하는 하나의 선언이다. 따라서 비전은 눈에 보이듯이 선명하게 표현하는 것이 매우 중요하다. 비전이 실현된 상태를 구체적으로 묘사하여 조감도의 형태로 만들어야 한다는 뜻이다.

비전의 어원을 살펴보면 라틴어의 'videre'에서 비롯된 것으로, 이는 '본다'는 뜻이다. 마치 몇 년 후의 자신의 모습을 눈으로 보는 것처럼 상세하고 가시적이라면, 그 비전은 더욱 강력히 추진될 수 있다. 이처럼 명백한 비전은 나와 내가 속한 조직의 미래 모습과 방향을 뚜렷이 제시해주고, 미래의 목표설정을 도와준다.

비전을 세우지 않는다면 당장 전략을 세울 수 없다. 전략을 세울 수 없다면 일상적인 실행계획도 그 의미가 없다. 어찌어찌 대충 전략과 계획을 세우더라도 원하고자 했던 방향으로 나아갈 수가 없다. 그러다 보면 자신의 핵심자산인 막대한 시간과 예산을 낭비하게 되고, 그 결과 하루가 다르게 변해가는 경쟁시장에서 도태되거나 국민에게 그 존재가치를 인정받을 수 없게 된다.

도표 미션과 비전은 어떻게 다른가

미션	비전
• 목적(Purpose) • 스스로를 지도하고 행동의 영감을 불러 일으킴 • 현재와 미래에 내가 존재해야 하는 중요한 이유는? • 북극성, 산 너머 길잡이 별, 지평선 • 내가 가장 하고 싶은 일, 가치 있다고 생각하는 일, 기여하고자 하는 것	• 목표(Goal) • 목표를 부여하고 그것을 달성하기 위한 방향으로 에너지를 집중하게 함 • 동기부여 : 헌신할 수 있도록 열정을 고취함 • 백두산 수준, 북한산 수준 • 미션수행을 위해 내가 가장 잘할 수 있는 실행수단(적성과 역량을 고려)

그럼에도 여전히 '꼭 비전이 있어야 일을 잘하는 건 아니잖은가?' 라고 반문하는 이가 있을지 모르겠다. 그러나 비전은 그 어느 곳, 그 누구에게나 필요하다. 비전을 통해 명쾌한 길을 볼 수 있고 한 방향으로 나아갈 수 있으므로, 비전이 없다는 것은 곧 미래가 없다는 것과 크게 다르지 않다.

비전을 통해 달성될 미래의 자신의 모습을 그림으로 그릴 수 있다면, 그리고 그것이 실현 가능하다는 확신이 들게 되면 우리에게는 비전을 향해 쏟아 부을 수 있는 마르지 않는 에너지 샘이 생겨난다. 5년 후, 10년 후, 20년 후, 30년 후 자신의 모습을 그려서 비전을 세우며 하루하루를 보내는 사람과 그렇지 않은 사람은 시간이 지날수록 현격한 차이를 보인다.

명확한 비전을 가지고 있으면 설령 5년 후에 그 비전을 100% 달성하지 못했다 하더라도 최소한 근사치에는 접근해 있게 된다. 자신의 모습을 되돌아보며 비전의 궤도를 수정해가며 계속 전진할 힘이 되는 것이다. 이처럼 비전은 삶의 원동력이자, 지치고 힘들고 주저앉고 싶을 때 든든한 버팀목이 되어준다.

오른쪽 도표는 자신의 비전을 설정할 때 물어야 할 질문이다. 스스로 답하면서 정리한다면 개인의 비전을 수립하는 데 매우 유익할 것이다.

❶ 미션 수행을 위해 내가 가장 잘할 수 있는 일은 무엇인가?

❷ 자신의 인생에서 가장 잘할 수 있는 일은 무엇인가?

❸ 평생 꼭 성취하고 싶은 것은 무엇인가?

❹ 자신이 닮고자 하는 롤모델은 누구인가?

❺ 5년, 10년 후 나아가야 할 최상의 구체적 방향은 무엇인가?

❻ 미래 모습이 자신의 모든 것을 바칠 만큼 동기부여가 되는가?

❼ 다섯 번 '왜'를 외쳐도 그 이유를 설명할 수 있는가?

비전은 나의 현재와 미래를 연결하는 고리로서 '내가 무엇이 될 것인가?', '어디로 갈 것인가?'에 대한 구체적인 답을 줄 만큼 생생하고 치밀하게 묘사해야 한다. 마치 건축가가 건물의 세밀한 곳까지 빠뜨리지 않고 설계하는 것처럼 말이다.

건물을 설계하듯이 비전을 디자인한다고 할 때, 우리의 비전은 달성 가능한 것, 현실적인 것이어야 한다. 아무리 훌륭한 비전이라도 달성 가능성이 희박하다면 공염불에 지나지 않는다. 오히려 부실설계한 건물이 무너지듯, 허황된 비전은 그 주인을 망치게 할 수 있다.

좋은 비전은 그날그날 내가 무엇을 해야 하는지를 알려준다. 비전을 통해 달성할 목표가 있는 사람은 하루를 헛되이 보내지 않으며, 할 일에 대한 구체적인 방법을 항상 생각한다. 그런 힘이 없다면, 당신의 비전에 문제가 있는 것은 아닌지 되새겨보아야 할 것이다.

재일교포 사업가이자 '동양의 빌 게이츠'로 유명한 손정의는 미국 유학 직후 스물네 살의 나이에 도쿄에 소프트뱅크를 설립한다. 창업 첫날 그는 사과궤짝 위에 올라서서 아르바이트 직원 2명이 전부인 사원들 앞에서 첫 번째 조회를 열고 다음과 같은 비전을 밝혔다.

"우리 회사는 5년 이내에 100억 엔, 10년 후에는 500억 엔, 그리고 앞으로 1조 엔대의 기업이 될 것입니다."

새파란 사장이 선언한 그때의 비전은 결코 허황된 것이 아니었다. 소프트뱅크는 15년 만에 131억 엔에 달하는 이익을 내는 세계적인 기업으로 성장했다. 눈에 떠오르는 생생한 비전을 구체적으로 그렸고, 그것이 강한 실행력이 되었기에 가능한 일이 아니겠는가.

2. 역량의 원천인 목적지를 명확히 설정하라

성과를 잘 내기 위해서는 목표를 구체적으로 정하고, 선택하고 집중할 달성전략을 수립해야 한다. 그리고 수립된 전략을 제대로 실행할 만한 역량이 반드시 뒷받침되어야 한다.

역량은 지식, 스킬, 경험의 능력과는 다르기 때문에, 역량을 계발하려면 사전에 자신의 성과에 대해 명확하게 정의하고, 성과달성전략을 바탕으로 계발 계획을 세워야 한다.

우리가 흔히 말하는 '능력'은 직무를 수행하기 위한 기본조건으로 지식, 스킬, 경험 등을 말한다.

과거에는 많이 배우고, 많이 익히고, 많이 경험하면 역량을 갖추게 될 것이라 믿었다. 역량이 있으면 전략을 수립할 수 있고, 수립된 전략을 착실히 따르면 성과를 낼 것으로 기대했다. 그러나 이제는 그런 낡은 패러다임에서 벗어나야 한다.

'역량'은 우리가 달성하고자 하는 도전적 목표를 놓고, 달성전략을 수립하고, 이를 실행에 옮기기 위한 일하는 방식, 생각하는 방식, 행동하는 방식을 가리킨다. 다시 말해 역량이란 성과목표를 달성하기 위해 수립된 전략을 잘 이해하고 행동으로 옮길 수 있으며, 아울러 현장에서 고객의 요구사항과 환경변화에 따라 전략을 수정하여 성과목표를 달성할 수 있는 '전략적 실행력'을 가리킨다.

예를 들어 분석력이라는 역량에 대해 생각해보자. 분석력이 뛰어

도표 능력 vs 역량

능력		역량
• 자격요건 • 인풋 • 업무수행을 위한 지식·스킬 지향적 • 과거지향적 • 정체되어 있는	VS	• 성과창출을 위한 전략적 실행력 • 아웃풋 • 성과지향적 • 미래지향적 • 날로 발전하는

나다고 인정받는 사람들은 문서기획이나 데이터 분석에 관한 교육을 받아서 그런 역량을 갖추게 되었을까? 이것은 역량이라기보다는 지식으로 입력된 스킬에 가깝다.

역량은 평소 문서의 흐름을 잘 구성한다든가, 리더가 원하는 보고서의 형태와 활용에 대해 명확히 이해하는 등 지식이 아닌 '행동'을 통해 인정받는 것이다. 또한 그것을 구체적인 성과로 연결시켜야 한다. 즉 우연히 나타난 특성이 아니라, 오랜 시간 반복적으로 몸에 체득되어 성과달성에 꾸준히 기여해야 비로소 역량이라 할 수 있다.

물론 역량을 발휘하기 위해서는 능력이 뒷받침되어야 한다. 성과를 만들어낼 수 있는 경험이나 학습으로 생성된 지식, 효율적인 비용과 시간 내에 문제해결을 하거나 새로운 것을 창출할 수 있는 기술 등이 능력에 포함된다. 이 모든 능력이 업무를 수행하는 동안 역량을 발휘하는 기본요소로 작용된다. 이렇게 학습되고, 발휘되고, 검증되는 사이클을 통해 개인은 조금씩 성장하고, 그것이 자기계발의 첫 번째 토대가 되는 것이다. 특히 학습과 성장을 위해서는 자신에게 부족한 역량이 무엇인지 진단하고, 그것을 근거로 하여 자기발전을 위한 능력계발 계획을 체계적으로 세워야 할 것이다.

역량은 성과목표를 달성하기 위해 기대되는 행동수준을 실제 행동으로 옮기는 것이다. 따라서 리더의 요구사항을 근거로 하여 개인이 맡고 있는 성과책임과 부서의 비전, 부서의 연간 성과목표, 부서의 달성과제 등을 고려하여 역량항목을 도출하고, 이를 역량계발 항목으로 구체화할 필요가 있다.

예를 들어 부서 목표로 '상시학습 조기 내실화'라는 과제가 있다면, 이를 위해 계발해야 할 능력과 목표수준, 계발완료지표, 계발방법 등을 구체적으로 수립한다. 먼저 '상시학습 조기 내실화'를 통해 이루고자 하는 핵심성과지표가 '성과관리제도 개선제안 건수'라면, 1차적으로 필요한 능력은 '성과관리에 대한 지식'일 것이다. 이에 따라 지표의 목표수준은 '성과관리 자격증 취득'으로 하고, 계발방법은 '○○본부 성과관리과정 이수'로 수립하면 바람직하다. 이에 덧붙여 '성과관리 개선제안 건수'라는 핵심성과지표에 의거해 분석력, 창의적 사고 등의 역량계발 항목을 도출할 수 있다.

3. 계발할 역량과 목표를 구체화하라

성과를 달성하는 데 필요한 역량이 정리되었으면, 다음으로 전략을 올바르게 실행하기 위한 역량의 기대수준을 정리해본다.

전략을 제대로 실행하기 위해서는 먼저 어느 수준의 역량이 필요한지, 그리고 자신의 현재 역량은 어느 정도인지 진단해보자. 필요역량을 선정할 때는 성과에 대한 영향력이 압도적으로 크면서, 동시에 기대수준과 현재수준과의 간극이 작은 요소에 주목하는 것이 바람직하다.

성과를 내기 위한 필요역량이 도출되었으면, 이제는 스스로 자기계발을 어떻게 진행할 것인가에 대한 계획을 수립한다. 이때는 거꾸로 요구되는 수준과 자기 수준의 차이를 확인해서 격차가 큰 역량부터 우선적으로 포함시킨다.

자기계발 계획은 설정된 역량평가기준을 어떻게 충족시킬지에 대한 구체적인 계획이라 할 수 있다. 따라서 자기계발 계획은 역량평가기준에 의거해 역량항목을 어떻게 발전시켜나갈지 구체적으로 표현해야 하며, 계획한 대로 진행되고 있는지 스스로 판단할 수 있는 기준을 제시해야 한다. 이때 필요하다면 역량계발뿐 아니라 역량확보의 기초가 되는 능력도 함께 파악하여 자기계발 계획에 포함시키는 것이 좋다.

개인 차원에서 유용하게 활용할 수 있는 자기계발 계획수립 프로세스의 주요 포인트를 살펴보면 다음과 같다.

먼저 전략을 실행하기 위한 행동 특성인 '역량'을 구체화한다. 그리고 이렇게 도출된 역량을 근거로 역량항목, 주요행위기준, 핵심행위지표를 정리한다.

여기에 역량을 뒷받침하는 능력 중 자신에게 부족하다고 판단되는 항목이 있다면 이 또한 자기계발 계획에 포함시킨다. 성과목표를 달성하는 과정에서 기본적으로 알아야 하는 기관 규정이나 업무내용, 절차 등의 지식, 직무에 관련된 PC 활용능력, 하드웨어 정보 등의 스킬을 망라해 자신의 능력을 점검해야 할 것이다. 성과목표뿐 아니라 전략실행을 위해 필요한 능력도 당해 연도에 계발해야 하는 항목으로 분류한다. 이 중에서 자신이 보유하고 있는 지식, 스킬, 경험 등은 제외하고 당해 연도 성과목표와 전략실행과 관련된 능력을 정리하여 당해 연도 계발필요 능력을 추린다.

도표 자기계발 계획수립 사례

필요 능력 항목	2011년 계발목표 수준	계발방법
마케팅	동종산업의 선진 경영흐름 파악	MS 등 선진 기관 마케팅 도서, 인터넷 동호회 자료를 학습하고 적용하여 역량 확장 (자기계발)
외국어	토익 860점 획득	영어학원 3개월 수강 (토익 시험으로 점수관리)
자료 및 통계분석 스킬	통계 초급 (빈도분석, 교차분석) 강좌 수강 (85점 이상)	문서작성 중 통계 처리시 엑셀활용 강좌 수강 (자기계발)
적극성	상사에게 제안 커뮤니케이션 연 12회	○○기관 리더십 / 커뮤니케이션 강좌 수강
성실성 치밀성	주간단위 업무계획 승인 거절 3건 이하	업무수행 시 OJT

※ 계발방법에서는 본인이 계획하는 세부내용 및 과정들을 자세히 기재하도록 함

계발해야 할 능력항목이 정리되면 계발수준과 달성여부를 측정할 지표, 어떻게 역량을 계발할 것인가를 결정한다. 그런 다음 계발해야 할 지식, 기능, 경험을 당해 연도에 어느 수준까지 끌어올릴 것인가를 결정하고 계발과정을 통하여 당해 연도의 목표수준을 달성하였는지를 판단할 수 있는 기준을 결정한다.

마지막으로 역량을 계발할 때 기억하면 좋을 몇 가지 팁을 얘기해 보겠다.

역량을 계발할 때는 약간 힘에 부친다 싶은 정도로 전략과제를 발굴하여 도전하는 것이 맞다. 그래야 단기간에 많은 역량을 제고할 수 있다. 예컨대 기관 전체에 주어진 과제가 있다면, 그 과제를 단위조직이나 개인의 역량을 다해 수행해보는 것이다. 그럼으로써 좁은 곳에 머물던 시야를 넓히고, 기관의 미래를 생각하는 기회를 가질 수 있다. 물론 일상업무와 병행해 수행하다 보면 일시적으로 업무가 집중될 수 있지만, 이를 피하려고만 하지 말고 자기계발의 기회로 적극 활용하는 편이 훨씬 발전적이다.

아울러 교육과정과 같은 정규적인 교육형태도 좋지만, 꾸준하게 독서를 하는 등 자신이 주도하는 활동을 해나갈 필요가 있다. 사내외 학습공동체에서 활동하면서 직무와 관련된 내용을 공유하고 중요한 이슈를 파악하는 것도 좋다. 특히 자신이 담당하고 있는 직무에 관한 사내 매뉴얼이나 지침서, 시중 단행본을 정리하는 것도 역량계발에 도움이 된다. 개인이 맡고 있는 업무에 대해서 주기적으로 정보를 업그레이드한다면, 지식의 배가와 함께 업무와 성과책임에 대해 개인의 생각을 정리하는 학습의 시간이 될 것이다.

수립된 계발 계획과 추가적인 요청사항을 근거로 리더에게 다시 한 번 구체적인 코칭을 요청하는 것도 잊지 말도록 하자. 능력을 계발하는 과정에서 장애가 되는 요인, 예컨대 비용 또는 시간 등에 대해서는 미리 리더와 협의해야 불필요한 마찰을 방지할 수 있다.

리더와 협의할 때는 장애요인을 해결하는 방안을 미리 고민하여 제안하는 것이 바람직하다. 그런 다음 개인 차원에서 역량을 계발할 때 상위조직에 요청할 사항을 제안한다면, 리더와 구성원 모두 각자 원하는 역량을 축적하는 길을 마련할 수 있을 것이다.

공무원으로서의
미션을 기억하라

"공무원의 수는 업무량과 아무 관련이 없다."

영국의 경제학자 파킨슨(Northcote Parkinson) 교수의 주장이다. 1955년 〈런던 이코노미스트〉 지에 처음 소개돼 영국사회에 큰 파장을 일으킨 이래, '파킨슨의 법칙'은 조직의 비효율성을 꼬집을 때마다 빠지지 않는 논리가 되었다. 영국 공무원 규모가 업무량과 관계없이 늘어났던 것처럼, 우리나라도 새로운 정부가 출범할 때마다 '작지만 강한 정부'를 지향했건만 실제로 구현된 적은 별로 없는 듯하다.

'작지만 강한 정부'가 되기 위해 가장 필수적인 전제조건은 공무원들이 성과를 지속적으로 달성하는 '제대로 일하는 공무원'이어야 한다는 것이다. 공무원 한 명 한 명이 성과를 만드는 역량을 키우지 못하면 '작지만 강한 정부'는 언제까지나 불가능한 꿈일 뿐이다.

우리는 이 책에서 '제대로 일하는 공무원'이란 어떤 존재인지에 대해 다루었다. 이제 마지막으로 하나의 화두를 함께 생각해보면서 이 책을 마칠까 한다. 당신이 다른 누구도 아닌 '공무원'이기 때문에 가져야 할 마음가짐에 대해서 말이다. 지금 나와 함께 이 질문에 대해 생각해보기 바란다.

"나는 왜 '공무원'이 되었는가?"

나는 성과관리를 강의하기 위해 많은 공공행정기관을 방문했다. 그런데 강의와 컨설팅을 하다 보면 공무원 개인의 성과목표가 지속적으로 하향평준화되는 것 아닌가 하는 걱정이 들 때가 있다. 얼마 후면 기관장이 바뀔 테니 미션도 대충 세우고, 성과도 단기실적으로 채우겠다는 경우가 종종 있기 때문이다. 그런 모습을 볼 때마다 그들을 크게 나무라곤 한다. 그리고 자신이 왜 공무원이 되었는지, 공익을 추구한다는 공무원으로서의 '미션'이 무엇인지 다시 되새겨보라고 당부하곤 한다.

그러나 한편에서는 희망을 본다. 열악한 공공행정 경영환경에서도 시스템을 탓하지 않고, 묵묵히 자신이 맡은 임무와 역할을 수행하는 공무원들을 볼 수 있기 때문이다. 공무원으로서 소명의식을 잊지 않는 이들이 성과를 달성하는 데 조금이나마 시행착오를 줄이게 되기를 바라며 이 책을 썼다.

공무원의 성과목표에 의한 자율책임경영, 즉 성과관리는 아직 갈 길이 멀다. 공무원이 자신의 성과목표를 달성할 수 있는 노력을 기울인다 해도 그들의 혁신적인 아이디어가 성과관리 단계에서 좌절되는 경우가 여전히 많다. 기존 관행과 문화가 변화를 막고, 창의와 혁신의 아이디어가 산출되는 것을 방해하기 때문이다. 당연히 받아야 할 인정과 존중조차 받지 못할 때도 있고, 기대한 만큼 보상이 돌아오지 않을 때도 있을 것이다.

그러나 환경을 탓하고 있을 수만은 없다. 단순한 행정관리자가 아니라, 구성원과 동료에 대한, 나아가 사회에 대한 탁월한 성과코치가 되겠다는 자세로 자신의 역할과 책임을 다해 '제대로 일하는 공무원'이 되어야 한다. 그것이 자신에게 주어진 역사적 소명의식을 다하는 길이 될 것이다. 이 책이 자기 성과관리에 성공하고자 하는 공무원들에게 의지를 북돋우는 단초가 되기를 진심으로 바란다.

류랑도

'현장'과 '성과' 중심의 경찰이 되자!
−현장경찰의 눈으로 본 '공무원답게 일하기'

김태완 경감 (현 수서경찰서 일원파출소장)

수서경찰서의 박재진 서장과 일원파출소장 김태완 경감은 일선 현장조직의 리더로서 '성과목표에 의한 자율책임경영'을 실천하고 그 효과를 실감하고 있는 좋은 사례다. 대한민국의 많은 공무원들이 제대로 일하고 제대로 성과를 창출하기를 바라며, 박재진 총경과 김태완 경감이 보내온 현장의 생생한 목소리를 정리해 싣는다.

: : 검거기록은 과연 타당한 평가지표일까?

경찰 지휘부는 '국민 접점의 현장을 중시한다'고 입버릇처럼 되뇌어왔다. 그러나 정말 그러했는가 하고 묻는다면, 선뜻 대답을 하지 못할 것이다. 우리 경찰은 업무특성상 다른 공공조직과는 달리 '상명하복의 계급사회'라는 특수한 틀 속에서 업무를 수행하고 있다. 상부의 기획부서에서 하부기관과 현장경찰에게 업무기준과 평가지표를 만들어 하달하면, 하부기관과 현장경찰은 이를 이행하려고 노력한다. 이렇듯 상사의 지시를 무조건 이행하고, 상사를 존경하는 것이 경찰 조직에서는 당연한 일이다.

하지만 이러한 조직논리에 앞서, 우리 경찰이 '누구를 위한' 존재인지 짚고 넘어갈 필요가 있다. 우리는 누구를 위한 존재인가? 그렇다. 바로 현장에서 만나는 고객인 '국민'들이다. 그러나 우리는 이러한 사실을 자주 망각하는 것 같다.

이는 현장에서 업무를 수행하는 모습에서도 쉽게 파악할 수 있다. 만약 상부기관에서 내려온 지시가 현실과 맞지 않으면, 문제점을 파악하고 개선안을 도출하는 것이 아니라 그저 형식적으로 지시를 수행하고, 허위로 보고한다. 상명하복의 계급사회에서 하달된 지시를 따르지 않을 수는 없고, 그렇다고 따르자니 현실과 맞지 않아 '눈 가리고 아웅'하는 식으로 일을 처리하는 것이다. 이는 너무도 비일비재한 일이라서, 만약 이러한 행태를 고치려 든다면 아마 현장경찰의 수만큼 감찰관이 필요할 것이다.

그렇다면 어떻게 해야 하는가? 국민 접점의 현장을 중심으로 우리 경찰이 존재한다는 사실을 잊지 말고, 고객이 요구하는 가치에 부응하는 경찰이 되어야 한다. 스스로 하는 일에 보람을 느껴야 한다.

요즘 현장경찰들은 예전과 다르다. 생각이 많이 바뀌었다. 당당하게 법을 집행하고 업무를 수행하며 경찰로서의 자긍심을 느끼고, 자기정체성 또한 확고하다. 또한 하달된 지시를 현장을 기준으로 판단할 수 있는 충분한 능력을 갖추고 있다.

그러므로 이제 동일한 업무기준과 평가지표로 현장경찰들을 일괄적으로 지휘하겠다는 생각은 버려야 한다. 이는 조직의 소중한 내부고객인 현장근무자들을 존중해주지 않는 일방통행식 조직문화의 산물일 뿐이다. 시대에 발맞춰 변화하려는 노력을 서둘러야 한다. 그리고 이러한 제도의 개선은 우리 경찰 개개인의 의식이 개선되어야 가능하다는 사실을 잊지 말아야 한다.

가장 신경 써야 할 것은 바로 '내부고객'을 대하는 태도다. 자신이 승진을 했다고 가정해보자. 어떤가? 조직사회에서 승진한다는 것은 자신의 능력을 인정받는 확실한 증거 중 하나다. 뿌듯해하고, 스스로를 대견하게 생각해야 할 일임이 분명하다. 그러나 오직 '나'만 잘나서 승진할 수 있었던 것일까? 조금만 시야를 넓혀보면 금세 생각이 바뀐다. 찌는 듯한 더위에도, 살을 에는 듯한 추위에도 밖에서 고생하는 내 동료 고객들이 없었다면? 만약 현장에서 근무하는 내부고객이 '나보다 못나서' 그렇게 근무하고 있다고 생각하는 사람이 있다면, 그는 계급장을 더 달 자격이 없다.

또 하나 그에 못지않게 신경 써야 할 것은 '외부고객'을 대하는 태도다. 우리 경찰은 그동안 '검거가 곧 예방'이라는 구호 아래 검거내용을 자랑스럽게 보도하고, '우리가 이렇게 열심히 일하고 있다는 것을 국민 여러분께서도 알아주시기 바랍니다'라는 식의 홍보를 해왔다. 그러나 이는 잘못되었다. 우리 경찰은 그저 우리가 편한 대로, 가장 쉬운 방법으로 고객인 국민들을 대한 것이다.

국민은 죽도록 고생하여 범인을 검거하는 경찰에게 많은 박수를 보내지 않았다. 왜냐하면 대다수의 국민들은 범인을 검거하는 현장이 아니라 다른 곳에서 경찰의 이미지를 더 크게 느끼기 때문이다. 쉬운 예로, 사소한 일로 신고를 했는데 경찰이 불친절하게 대했다면, 국민은 경찰을 결코 좋게 여기지 않는다. 심지어 범죄예방이 중요하다는 것에는 공감하더라도, 그것을 이유로 동네에서 검문검색을 일삼는 경찰을 달가워하지는 않는다. 오히려 "평소에 잘 좀 하지…."라는 핀잔만 들릴 뿐이다.

물론 범죄가 발생해서 검문검색이 필요하다면 당연히 해야 한다. 또한 예방에 집중한다고 해서 검거 자체를 소홀히 하겠다는 뜻도 아니다. 핵심은 우리 경찰이 '누구를, 어디에 중점을 두어야 하는가?'에 관한 문제다.

주민을 더 중요하게 생각한다면, 당연히 예방에 중점을 두고 현장을 중심으로 경찰의 평가지표가 설정되어야 한다. 단지 내부에서 판단하기 편하다는 이유만으로 '검거기록'을 중심으로 구성원들을 평가

한다면, 이는 결코 고객을 생각하는 성과목표라 하기 어려울 것이다.

현재 수서경찰서에서는 각 과, 각 지구대에 맞게 성과목표를 설정
하여 목표달성전략을 수립하고, 소속 구성원들은 이를 바탕으로 성
과목표와 전략을 실행하고 있다.

내가 지금 몸담고 있는 일원파출소에서는 구성원 모두가 자신의 임
무를 수행할 수 있는 역량을 쌓고 있으며, 현장에서 그 역량을 유감
없이 발휘하고 있다. 우리의 노력에 화답하듯, 고객인 주민들로부터
격려와 칭찬의 말도 들으며 협조를 이끌어내고 있다. 내게 주어진 임
무를 수행하기 위해 '무엇을 해야 할 것인가'를 팀별, 구성원 개인별
로 고민하고, 현장에서 자발적으로 움직이는 이들의 모습을 바라보
며, 자율책임경영의 가능성을 조금씩 발견할 수 있었다.

다음은 대치지구대의 변화 과정에서 내가 배운 '자율책임경영을
위한 10가지 방법'이다. 부족하지만 현장의 목소리를 가능하면 생생
하게 전달하려고 노력하였다. 이를 읽고, 다른 조직에도 우리 조직처
럼 변화의 즐거운 바람이 불기를 기대해본다.

1. 임무와 역할을 분명히 하라

2009년 8월 초 박재진 서장이 부임한 후, 수서경찰서는 성과주의의 첫 단계인 '현장근무자들의 의식변화'를 위해 매일 아침 지구대를 찾아다니며 대화를 시도했다. 박 서장은 성과경영을 다룬 책 《하이퍼포머》를 소개하며 현장근무자들을 만났다. 그러나 대화는 그렇게 쉽게 진행되지 않았다. 박 서장은 묻고 답하는 형식으로 '대화의 장'을 이끌어가려고 한 것 같은데, 성과경영에 대한 아무런 지식이 없는 현장경찰들이 서장이 요구하는 수준의 답을 할 리가 없었다.

어색한 '대화의 장' 시간에 처음으로 박 서장이 꺼낸 질문은 "○○○ 경사의 임무와 역할은 무엇인가요?"였다. 어렵지 않게 대답할 만한 질문이지만, 자신의 임무와 역할이 무엇인지 구체적으로 답하기란 그렇게 쉬운 일이 아니었다. 우리는 한 사람씩 돌아가면서 '임무와 역할'에 대한 질문을 받았지만, 정확하게 답한 사람은 한 명도 없었다.

쭈뼛거리는 우리의 모습에 박 서장은 이렇게 말했다.

"자신의 역할을 제대로 파악하지 못하는 지구대장이나 팀장은 순찰팀원이 맡아야 할 역할밖에 못 하고, 팀원들에게 잔소리만 일삼는 리더가 됩니다."

가슴 한 켠이 뜨끔했다. 비유해보자면 이런 것이 아닌가. '나는 축구선수다. 포지션을 잘 모르는!' 축구선수이긴 한데, 미드필더인지 스트라이커인지 자신의 포지션을 정확히 모르는 것이다. 그렇다면 경기장에서 어떤 일이 벌어질까? 말하지 않아도 뻔한 일이다. 우리도 똑같았다. 막연히 생각하는 자신의 임무와 역할은 구체적 치안활동에 아무런 도움이 되지 않는다.

중요한 것은 리더의 역할이다. 상급자의 역할에 대한 인식부터 명확히 하는 것이 필요하다. 계급사회에서는 상급자가 먼저 변해야 하급자의 변화도 이끌어내기 쉽다. 서로의 역할을 정확히 인식하고 그 역할을 자발적으로 수행하게 되면 의욕은 고취되고 책임감이 생겨, 우리 모두의 근무자세 또한 달라질 것이라는 생각이 들었다. 내 행동에 구체적 기준을 제시하는 임무와 역할을 인식하는 것, 이것이 변화의 첫 단계였다.

2. 무엇을 들었는가?

그렇게 시작된 서장과의 대화는 선문답처럼 어렵기만 했고, 매주 돌아오는 '대화의 날'만 생각해도 부담스러웠다. 실제로 서장이 오는 날짜에 맞춰 연가를 내 그 자리를 피하려 했던 팀장도 있을 정도였으니, 당시 분위기를 짐작할 수 있으리라.

실적주의에 머리가 굳어 있던 지구대 구성원들에게 새로운 성과경영 시스템을 받아들이는 것은 보통 어려운 일이 아니었다. 게다가 서장은 성과경영에 대해 강의형식으로 한 번에 설명해주지 않고, 느닷없는 질문을 던져 팀원들을 어리둥절하게 만들어놓은 후 지구대를 떠나곤 했다.

하루는 서장이 《프레임》이라는 책을 소개하면서 가방에서 녹음기를 꺼내 탁자 위에 올려놓았다.

'갑자기 녹음기는 뭐 하러?'

경찰마인드로 보면 답은 하나였다. 증거를 남기기 위해서. 예상은 빗나가지 않았다. 책을 한참 소개하더니, 한 사람씩 지목하며 자신이 했던 내용을 그대로 말해보라고 했다. 그리고 녹음기를 재생시켜 자신이 말한 것과 동일한 내용이었는지 그 자리에서 확인했다.

"서장이 방금 이야기한 내용도 제대로 말하지 못하는데, 몇 단계를 거쳐 하달된 경찰청 지시사항이 제대로 전달되겠습니까?"

서장은 하달한 지시가 여러 계층을 거치면서 왜곡되는 현상이 반복되자 문제의식을 느꼈던 것이다.

왜 이러한 일이 발생하는 것일까? 우리가 '프리즘적 사고'를 하기 때문이다. 나만의 방식으로 듣기 때문에 지시한 내용이 중간단계를 거치면서 왜곡되는 것이다. '나'를 중심으로 생각하고 받아들이니 나의 '고객'인 서장의 말이 정확히 전달되지 않고 잡음이 생기는 것이다.

또 하루는 과장회의에서 몇 문장으로 지시를 내린 후, "내가 무슨 지시를 했습니까?" 하며 돌아가면서 물은 적도 있었다. 그러면 잠시 정적이 흐른다. '혹시 내가 답변을 잘못했나?' 하고 걱정이 들어 서장의 분위기를 살피며 눈치를 본다. 그러자 서장은 탁상을 치며, "금방 지시한 내용도 이렇게 틀리게 답하는데!"라며 안타까워했다. 이러한 태도라면 비단 상급자의 지시뿐 아니라 고객인 주민과 이야기를 나누거나, 사건을 처리하는 과정에서 사건관계자의 이야기를 들을 때, 내 생각에 근거해 상대방의 의도를 잘못 이해하는 경우가 언제든 생길 수 있기 때문이다.

서장은 말하는 사람에게 집중하여 그 사람이 정확히 무슨 말을 하는지 파악하는 습관은 매우 중요하다고 여러 차례 강조했다. 이것이 대화를 잘하는 방법이자 고객을 섬기는 방법이라는 것이다. 상대의 입장에 서서 상대의 이야기를 잘 듣고, 그 뜻을 정확히 이해하고 전달하는 것은 비단 경찰조직뿐 아니라 다른 조직, 나아가 모든 인간관계에 상당히 중요한 일일 것이다.

이런 일들이 반복되면서 점차 대치지구대의 회의방식도 변화되어 갔다. 성과주의와 관련된 회의를 하면서 구성원들에게 "무슨 이야기를 들었느냐?"는 질문을 하기 시작했고, 언제 질문을 받을지 모른다는 생각에 업무노트에 회의내용을 적는 사람들이 하나둘씩 늘어났다.

3. 독후감을 제출하라!

그러던 어느 날, 지구대장, 팀·과장 등 리더급에 과제가 떨어졌다. 성과경영을 다룬 책 《하이퍼포머 리더》를 읽고 독후감을 제출하라는 것이다.

지시를 받은 사람들은 정신적으로 상당히 분주해졌다. 경찰에 입직한 뒤, 처음으로 책 때문에 심적 부담을 느낀다고 하소연할 정도였다. 게다가 독후감은 언뜻 보기에 경찰의 업무와 관련이 없어 보였다. 이 때문에 "여기가 무슨 학교도 아니고 말이야…." 하며 노골적으로 불만을 보이는 사람도 있었다.

독후감을 작성하기 위해서는 대충이라도 책을 읽지 않고는 답이 없었다. 그래서 일단 책상 위에 책을 놓아두고, 만나기만 하면 "얼마나 읽었느냐?"며 서로 '진도 체크'를 했다. 그렇게 며칠을 우왕좌왕하던 끝에 대부분 독후감을 제출했다. 실제로 책을 열심히 읽었는지는 알 수 없는 일이다. 지시문화에 익숙한 우리는 책의 내용을 파악하는 것보다 일단 기간 내에 독후감을 제출하라는 서장의 지시에 따르는 데 급급했던 것이 사실이기 때문이다.

일반 비즈니스맨에 비하면 자기계발을 하려는 의지도 부족한 데다, 현장경찰은 근무환경이 열악해 자기계발을 하기가 현실적으로 어렵다. 이런 상태에서 독후감을 제출하라는 제1고객의 요구는 상당한 심리적 부담을 주었다. 그도 그럴 것이, 하달된 문서를 열람하거나 상사가 일방적으로 정리한 교양을 습득하는 데 익숙해져 있던 현장근무자에게 직접 책을 읽고 독후감을 쓴다는 것은 상상도 못했던 지시였기 때문이다.

한번은 어느 팀장이 집에서 책을 읽는데, 아내가 "갑자기 웬 책?" 하고 물었다고 한다.

"서장님이 이 책을 읽고 독후감을 제출하라고 해서 읽어."

그랬더니 아내가 "이번에 훌륭한 서장님이 오셨네." 하며 웃었다고 한다. 현장근무자들이 얼마나 자기계발을 게을리하는지 엿볼 수 있는 대화다.

그렇다면 서장은 왜 독후감을 제출하라고 한 것일까? 추측해보건대 스스로 책을 읽고 내용을 생각하면서 '경찰로서 팀장과 지구대장은 주민을 위해 무슨 일을, 어떻게 수행해야 하는가?'를 고민하는 시간을 주고자 했던 것이 아닐까 한다. 즉 실적주의에 시달리는 수동적 자아가 아닌 능동적 자아가 되어, 내가 의도한 일이 어디를 지향하고 있고, 어떤 마인드로 해야 하는지를 구성원 각자가 고민하도록 했던 것이다.

4. 주간 목표달성전략과 내가 한 일을 작성하라

서장은 지구대를 매일 1개소씩 방문하여 현장근무자들과 대화를 하고 독후감을 작성하도록 했다. 아울러 일상적인 보고서가 아닌 각 지구대의 범죄예방전략과 지구대장 개인의 한 일과 할 일을 제출하라고 했다. 머리를 짜내는 작업은 계속되었다.

우리는 매주 주간 목표달성전략과 각자 한 일을 작성한 후, 경무과로 보냈다. 이 문서를 놓고 일주일에 한 번 과장과 지구대장이 참석하는 주간회의를 했다. 회의는 각자 작성한 실행전략을 보고하는 순서로 이루어졌는데, 과장 한두 사람이 보고를 하고 나면 그때부터 서장의 지적이 쏟아졌다.

'이 내용이 어디서 나왔느냐'며 주간 성과목표 달성전략에 들어간 문장에 대해 묻더니, '다른 분들이 작성한 것도 다 똑같더라'고 지적했다.

"이 일을 하면 목표가 달성됩니까?"

몇 번이고 이어지는 질문에 또렷하게 대답하지 못하면, 그때부터 서장의 설명이 이어졌다. 당시 서장회의는 흡사 하나의 수업 같았다. 성과경영의 기본적인 시스템은 이해한다 해도 실행경험이 없으니 당연한 일. 주간 달성전략을 잘 작성했다고 칭찬받은 사람은 한 명도 없었다. 작성된 주간 달성전략을 예로 들면서 서장의 설명을 들을 때는 그나마 이해가 됐던 부분도, 막상 직접 작성하려고 하면 머릿속이 멍해지면서 하나도 생각나지 않았다. 성과관리에 의거해 새롭게 작성해야 할 양식을 이해하지 못해 '과제가 과제를 낳는' 식으로 일이 반복되었다. 1년이 지난 지금도 시행착오는 계속되고 있고, 오늘도 우리는 열심히 노력 중이다.

자신이 '한 일'과 '할 일'에 대해 논할 때도 마찬가지였다. 그간의 서장회의는 과장들이 매일 아침 각 과나 지구대에서 취급했던 사건 사고를 보고하고 지시를 받는 식이었지만, 서장은 순수하게 과장이나 지구대장이 한 일을 보고하라고 요구했다. 과장은 과 업무를 총괄하는 사람이고, 그러므로 과에서 처리한 일을 보고하면 된다고 생각해왔던 사람들로서는 쉬운 자리가 아니었다. 지구대라고 다르겠는가. 해당 지구대에서 처리한 내용 가운데 중요한 사항을 보고했던 과거와는 달리, 자신이 지구대장으로서 무슨 일을 했는지 보고해야 했기 때문에 처음에는 적응하기가 쉽지 않았다.

서장은 왜 이런 질문을 던졌던 것일까? 나중에 알게 된 것이지만, 각각의 관할특성에 맞는 지구대장으로서의 역할을 찾도록 하기 위함이었다. 시트지에 적어놓은 '나의 할 일'은 곧 '나의 역할'이었다. 서장은 시트지를 통해 그들이 각자 맡은 역할을 성실히 수행하며 시간을 보내고 있는지, 역할인식을 똑바로 하고 있는지 훤히 꿰뚫고 있었던 것이다.

처음에는 잘 몰랐지만 회의가 반복되면서 서장이 추구하는 바가 무엇인지 조금씩 깨닫게 되었다. 지시받은 것을 충실히 하는 것이 지금까지 현장근무자들의 일하는 행태였다면, 이제는 관내특성에 맞는 자발적이고 창의적인 업무를 수행해야 했다.

5. 개인 비전을 작성하라

이러한 노력과 병행하여, 서장이 또 하나 중요하게 추진하는 일이 있었다. 각자가 자신의 인생을 '경찰'이라는 직업을 통해 완성하고, 경찰이라는 직업을 자랑스럽게 여길 수 있도록 개인의 미션과 비전을 작성하도록 한 것이다.

이는 진정한 성과주의를 실행하는 기본인 '생각의 변화'를 위한 것이었다.

그러나 현장근무자들은 정작 자신의 미래를 생각하는 이 대목에서 가장 힘들어했다. 하루의 업무계획도 세우지 않고 일하던 사람들이 대부분이었는데, 직장에서 5년 후의 모습에 대해 구체적으로 생각하라니? 난감하기 이를 데 없는 숙제였다.

가이드로 제시된 방법에 따라 '5년 후의 자기 비전'을 작성하기 위해 많은 고민을 했지만, 서툴기 그지없었다. 무엇을 적어야 하는지도 모른 채 일단 비전이라고 하니까 5년 후 나의 희망을 적고, 중기목표니 역량지표니 하는 것들은 구체적인 표현 없이 대충 적는 경우가 수두룩했다. 한편으로는 '비전은 개인적인 건데 왜 그걸 적으라고 하느냐'는 반발도 있었다.

그렇지만 조금만 더 생각해보면 조직구성원이 조직과 관련된 비전을 적는다는 것은 '나는 이렇게 근무하겠다' 또는 '나는 이런 조직구성원이 되겠다'고 선포하는 것이므로, 무작정 반발할 일이 아닌 것을 알 수 있다. 게다가 나는 공공조직의 구성원이 아닌가. 공무원인 내가 어떻게 업무를 수행해나갈지 밝히는 것은 조직 내적으로는 물론, 대 국민 신뢰확보에도 중요한 역할을 할 것이다. 이런 중요한 의미에 비한다면 작성방법이 조금 어설픈 것은 문젯거리도 아니었다.

개인의 미션과 비전을 설정하는 것은, 우리 수서경찰서 경찰관들이 사회의 변화에 부응하여 스스로 그리고 먼저 변화하겠다는 것을 선포하는 것이나 다름없었다. 자신의 비전을 설정해놓고 그에 따른 역량지표를 정하며, 그 역량지표에 따라 스스로 노력하면 계획된 5년 후에는 멋지게 변화한 자신의 모습을 발견할 수 있을 것이다.

6. 생각을 변화시켜라

계급체계로 구조화된 거대한 경찰조직은 계급을 중시하지 않을 수 없다. 그러나 변화하는 사회와 구성원들의 의식에 관해 깊은 관심을 갖고 그에 맞는 시스템으로 변화시키는 것은 상위조직의 중요한 역할이다.

엄청난 속도로 변화하는 오늘날, '시간을 어떻게 사용하느냐'라는 문제는 곧 조직의 사활에 직결되는 중요한 요소이기도 하다.

목표와 전략에 몰입하는 '생각의 변화'를 위해 우리는《열정과 몰입의 방법》을 읽고 독후감을 제출했다. 구성원 개개인이 목표달성을 위해 의도된 행위, 즉 전략에 몰입할 수 있는 방법을 터득하도록 서장이 추천한 책이었다.

지구대의 팀장이라면 관내의 수많은 주민들을 안전하게 보호해야 할 책임이 있다. 그러나 열악한 지구대의 여건 때문에 범죄예방에 철저히 대비하기 어려운 것이 현실이기도 하다. 상부에서 내려오는 지시를 이행하랴, 실적도 올리랴 정신없이 바쁜 이들에게 창의적인 치안기법을 기대하기는 힘든 면이 있었다.

우리 관내에서는 별로 실효성을 거두지 못할 일임에도 '지시이기 때문에' 형식적으로나마 해야 한다는 생각으로 일을 하면, 몸과 마음이 따로 움직이고 성과는 도출하지 못한 채 피로만 쌓이게 된다. 그러므로 '왜 이 일을 해야 하는가?'에 대한 명확한 인식은 매우 중요하다.

물론 경찰의 포괄적 임무 차원에서 '왜 이 일을 해야 하는가'에 대한 명분은 얼마든지 있다. 그러나 현장치안은 현장에 맞는 구체적인 실행방법을 요구하는 것이기 때문에, 아무리 모범적인 지시사항이라 하더라도 현장에 맞지 않으면 실행해봐야 시간낭비일 뿐이다. 그 사실을 가장 잘 아는 사람은 직접 일을 하는 사람이다. 시간낭비를 하고 있다는 생각이 든다면 일할 의욕이 생길 턱이 없다. 그래서 역할과 임무에 대한 깊은 통찰이 필요하고, 그 역할에 대한 신뢰가 절대적으로 필요한 것이다.

개인의 역할과 임무를 스스로 인식하고, 창의적 행위를 이끌어내기 위해 우리는 자기계발서를 읽어나가기 시작했다. 문제의 본질은 자기 자신에게 있다. 구성원의 의식의 문제도 조직이나 외부의 요인에서 기인한 것이 아니라 스스로 규정한 것이며, 조직을 바라보는 시각도 결국 스스로 만들어낸 것이다.

그리고 이 부분에서 우리가 변화되고 있었다. 어떤 일을 하면서

'왜 내가 이 일을 해야 하는지'를 명확히 인식해야 열정이 생겨난다는 것을 받아들이기 시작했다. 일을 바라보는 자신의 인식을 바꾸기 위해 '생각의 변화'를 꾸준히 도모하는 과정은 지금도 계속되고 있다.

7. 목표와 달성전략을 세워라

성과경영을 향한 우리의 다음 도전과제는 목표달성전략이었다.

어느 날, 주간회의에서 서장은 "목표와 성과지표는 조직과 구성원에게 엄청난 영향을 미칩니다. '조직을 어디로 끌고 갈 것인가?' 하는 명제도 그 속에 담고 있습니다."고 강조하면서 지구대에 주간·월간 목표달성전략을 요구했다.

남들이 정해준 목표를 달성하는 데 익숙해져 있던 현장경찰에게, 스스로 목표를 정하고 목표달성전략을 제출하라는 요구는 신선한 충격인 동시에 굳은 두뇌를 다시 움직여야 하는 고된 과제였다.

목표는 조직이 나아가야 할 방향을 제시한다. 그러므로 막연한 목표가 아닌, 그 조직의 임무와 역할에 맞는 목표를 세워야 한다. 예컨대 '침입절도 감소 전년대비 ○○%'와 같이 실행부서에 정확히 맞는 목표가 아니면 무용지물이다. 지구대에 막연히 '거리질서 확립'이라는 목표를 부여하면, 이를 달성해야 할 구성원들은 기준이 없기 때문에 자기 입맛에 맞는 정도를 목표달성수준으로 정하게 된다.

반대로 일괄적으로 '기초질서 스티커 1인당 1일 10건' 등의 과제를 부여하는 것도 문제다. 이는 현장에 맞는 성과목표가 아니다. 관할이 복잡하고 무질서한 지역이 많으면 이쯤은 '식은 죽 먹기'이겠지만, 반대의 경우는 이조차도 어려운 목표이기 때문이다. 따라서 목표는 지역치안에 대한 데이터를 분석하고, 고객의 니즈와 원츠가 가장 강하게 나타나는 핵심적 경찰활동으로 선정해야 한다.

나는 대치지구대장으로 근무하면서 배운 성과주의를 적용해 대치지구대에 맞는 목표달성전략을 세우기 위해 노력했다. 다행히도 팀 단위의 꾸준한 브레인스토밍을 거쳐 목표달성전략을 도출하는 등, 생동감이 넘치는 직장분위기가 조성되어 갔다.

참고로, 수서경찰서 산하 지구대는 경찰서에서 부여한 목표를 수행하는 시스템으로 움직인다. 수서경찰서는 성과주의 시범경찰서로서 경찰청이나 지방경찰청에서 하달한 성과지표와 달리, 경찰청 액션플랜을 근거로 경찰서 자체의 성과지표를 생산하게 돼 있다. 그리고 다시 지구대의 치안현장에 맞는 성과지표를 생산하여 지구대에 하달함으로써, 경찰청 액션플랜이 하급기관으로 내려오는 과정에 프리즘 현상 없이 치안현장에 제대로 반영되도록 했다.

물론 이 과정이 말처럼 쉽지는 않았다. 자체 성과지표를 설정하기 위해 20여 명으로 구성된 3개의 실행그룹(팀·과장, 서무, 지구대 관리반 등 참석)이 약 5개월이라는 긴 기간에 걸쳐 휴일도 반납하고 지표개발에 매달렸다. 더욱이 지금까지의 업무방식과 전혀 다른 형태였기 때문에 머릿속은 한없이 복잡했다.

 '과연 이게 맞는 방법인가?' '실컷 고생해놓고 서장이 바뀌면 다시 옛날 방식으로 돌아가는 것 아닌가?' 하는 회의가 들기도 여러 번이었다. 숱한 고뇌를 끌어안고 서장과의 수차례 워크숍을 거쳐 만들어진 수서경찰서 성과지표는 곧 지구대에 하달되어 현장에 맞는 목표로서 기능하게 되었다.

8. 전략을 짜내라, 타깃을 정하라

 목표가 주어진 상태에서 남은 것은 '목표를 어떻게 달성할 것인가?' 하는 것뿐이었다. 서장은 "최고의 가치는 실행에 있다."라는 점을 강조하며 실행전략을 요구했다.

 성과주의 이전의 모습을 상상해볼 때, 넓은 관할지역에서 근무하는 경찰관 몇 명이 지시된 것을 이행하기에도 바빴다. 그렇게 하면 관내 치안이 평온해질 것이라고 생각했다. 물론 창의적 의견과 몇몇 실천도 있었지만, 대부분의 현장근무자들은 하달된 평가지표를 염두에 두며 순위경쟁에만 집착했고, 자기 조직이 하위그룹에 속하면 안 된다는 상사의 요구를 충족시키기 위해 근무해왔다.

 그러나 이제 그 자체가 아이러니한 것임을 알게 되었다. 성과주의는 개개인이 '우리 현장에 맞는 치안활동이 무엇일까?' 하는 열정적 고민을 통해 나온 효과적 치안기법을 창안해 이를 실행하고, 피드백을 통해 수정을 거듭하며 현장에 맞는 구체적 범죄예방활동을 하도록 하는 것이다.

현장치안을 수행하는 경찰만큼 그 현장에 대해 많이 알고 있는 사람은 없지만, 이처럼 당연한 사실이 무시되고 일괄적으로 지시되는 것이 우리 경찰의 현실이었다. 이 점을 개선하기 위해 팀장과 지구대장만 작성하던 주간·월간 목표달성전략을 전 구성원에게로 확대 시행했다.

팀장들도 어려워 애를 먹던 일이었으니, 팀원들이 얼마나 부담스러워했을지는 짐작이 갈 것이다. 처음에는 형식적으로 칸을 메워나가는 모습이 역력했다. 그러나 매주, 매월 시트지를 채워가면서 이해도가 높아져 개인의 목표달성전략이 팀의 목표, 지구대 조직의 목표와 맥락을 같이해야 한다는 것을 납득할 수준으로 성장했다. 브레인스토밍의 화두가 목표달성전략에 집중되었고, 실행부서인 지구대에 근무하는 현장경찰관의 행동이 왜 전략적으로 행해져야 하는지 그 의미를 조금씩 알게 되었다.

범죄를 예방하려면 일선경찰이 적극적으로 나서야 한다는 것은 누구나 알고 있다. 그러나 범죄예방이 반드시 경찰의 독자적인 책임은 아니다. 전략적으로 주민과 함께 범죄예방 활동에 대한 아이디어를 낼 수도 있지 않을까? 조직의 목표가 주어졌다면, '소수의 인원과 열악한 근무환경에서 내게 주어진 한정된 자원을 어떻게 배분하여 사용하느냐?'를 철저히 고민해야 한다. 나의 잠재능력을 끌어내 목표를 끊임없이 추구하고, 나타난 결과에 대한 지속적인 피드백을 바탕으로 전략을 수정해 목표에 접근해야 한다.

이 과정에서 놀라운 일들이 벌어지기 시작했다. 예전에는 생각지도 못했던 아이디어들이 쏟아졌고, 이를 직접 실행하는 과정에서 대치지구대 구성원으로서, 현장경찰로서의 의식과 활동 그리고 열정이 변모하는 것을 느낄 수 있었다.

9. 역량을 길러라

서장은 수서경찰서에 신임순경이 배치되면 자기계발서적을 선물하며 현장에 처음 배치된 경찰의 마인드를 강조했다. 또한 이들이 현장 근무에 필요한 역량요소를 찾고, 자기역량을 진단해 스스로 부족한 요소를 향상시킬 수 있도록 기간을 줄 것을 지구대장에게 요청했다.

이에 따라 대치지구대로서는 처음으로 자기역량진단서를 현장근무에 맞게 만들어 스스로 역량진단을 하고, 3개월 동안 부족한 역량을 향상할 수 있도록 했다. 그러나 목표한 기간이 지난 후에도 역량이 뚜렷하게 향상된 구성원은 없었다.

왜 그랬던 것일까?

역량진단을 할 때 스스로에게 지나치게 후한 점수를 부여한 경우도 있었다. 그러나 무엇보다 큰 이유는 그들이 역량향상에 별 관심이 없었기 때문이다.

몇몇 구성원들은 112 신고처리만 적당히 할 수 있으면 되는 것 아니냐고 생각하기도 했다. 치안현장에서 처리해야 하는 일은 상상할 수 없을 만큼 다양하기 때문에 오히려 근무에 소극적이 된 것이다. 그러나 적극적으로 범죄예방활동을 하려고 하면, 이에 필요한 역량은 너무나도 많다. 옆 페이지의 도표는 그중에서도 꼭 필요한 부분을 적어놓은 것이다.

팀장은 팀원을 코칭하고 역량진단과 더불어 역량계발을 해주어야 하기 때문에 팀원보다 더 역량계발에 힘써야 한다. 복잡한 관내현황에 적합한 역할을 찾는 것 자체가 보통 힘든 작업이 아니지만, 팀장으로서의 역할이 무엇인지 인식하고 역할에 맞는 역량계발에 주력해야 한다.

10. 인사 시스템을 혁신하라

대치지구대 팀장은 새로운 인사시스템으로 임명되었다. 서장은 과장과 지구대장을 뽑고, 과장은 계·팀장, 지구대장은 팀장을 뽑는다. 팀장은 같이 근무할 팀원을 뽑는다. 소위 보직 스카우트제, 드래프트제로, 기존의 일괄적 인사 시스템보다 훨씬 복잡하다.

하지만 이는 조직에 놀라운 변화를 일으켰다.
당장 팀원은 '어느 팀장과 일을 할 것인가?'를 고민해야 한다. 팀장

※ 4월 말까지 90% 이상 역량을 계발하시기 바랍니다.

능력	지식	1. 나는 지구대 사건처리의 적용법령을 몇 % 알고 있는가? 2. 나는 관내 주요건물, 도로, 골목길 및 인접지구대와의 연결 도로를 몇 % 알고 있는가? 3. 나는 관내 침입절도 발생현장을 몇 % 알고 있는가?
	스킬	1. 피의자가 1인인 경우, 보고서 작성이 20분에서 몇 분이나 초과되는가? 2. 나는 상황에 맞는 순찰차 기능 작동과 적법운행을 몇 % 하고 있는가? 3. 나는 불심검문시 수배자를 검거할 확률이 몇 %인가?
	경험	1. 범죄발생시 즉시 연락받을 수 있는 자기만의 네트워크를 몇 개나 보유하고 있는가? 2. 본인이 운행하는 순찰차를 월 몇 회 세차하는가? 3. 주민에게 설명할 소식지나 각종 범죄예방전단지를 몇 장씩 갖고 다니는가? 4. 대화를 나눈 주민이 요구하는 사항을 월 몇 번이나 충족시켜주고 있는가?
역량	생각하는 방식	1. 팀 달성전략을 몇 % 파악하고 있는가? 2. 근무시간 외 본인의 업무발전을 위해 몇 분, 몇 시간을 투자하는가? 3. 근무시간에 나누는 대화 중 업무적인 대화가 몇 %의 비중을 차지하는가?
	행동하는 방식	1. 알고 있는 발생사건 현장을 방문한 횟수는 월 몇 회인가? 2. 유사한 환경에 처한 현장을 월 몇 개소 살펴보고 있는가? 3. 주민과 대화하는 동안 몇 % 정도 친절한 표정과 미소를 짓는가? 4. 본인의 무전교신이 상대방에게 간단명료하고 듣기 좋은 감으로 느껴지는 정도가 몇 %라고 생각하는가? 5. 팀장은 팀원과 업무적인 대화를 몇 분 몇 회 하고 있는가?
	일하는 방식	1. 순찰차 근무시 조장 또는 조원과 업무에 대한 구체적인 시간일정을 짜고 있는가? 2. 팀장은 팀 내 역량미달인 구성원에 대한 역량계발 및 계발 정도를 월 몇 회 체크하고 있는가? 3. 팀장은 팀의 월 목표달성도를 몇 번 정도 체크하고 있는가?

은 '누구를 팀원으로 뽑아야 하는가?'를 고민하게 된다. 가만히 있어도 발령이 나는 기존 시스템과 달리 누군가에 의해 선택되어야 하는 만큼, 그동안 내가 근무한 결과를 알고 있는 동료와 상사에 의해 고스란히 평가받는 셈이 된다. 만약 선택되지 못한 팀원이 있다면, 역량이나 동료와의 팀워크 등에 문제점이 있는 것으로 드러날 것이다.

정말 획기적인 인사였다. 정기인사가 이렇게 진행되다 보니 소위 '인공위성'이라는 말까지 등장했다. 선택받지 못해 보직 없이 떠도는 이들을 일컫는 말이었다. 이는 모 일간지에도 보도되어 수서경찰서의 인사 시스템이 전국에 알려지는 계기가 되었다.

구성원들로서는 아연 긴장할 수밖에 없었다. 성과주의 인사 시스템이 본격적으로 시행되자 경찰서 전체에 새로운 변화가 일어났다.

첫째, 우선 팀장의 권위가 세워졌다. 기존의 자동승진제 하에서는 직급 인플레이션이 심해, 팀장과 연령이 비슷하거나 많은 일부 팀원들은 팀장의 지시를 적극적으로 따르지 않는 경우도 종종 있었다. 심지어 팀장이 다른 지구대 팀원으로 발령이 난 사례도 있었다. 그러니 '내가 언제 팀원이 될지 모른다'는 위기의식 때문에 소신껏 팀장으로서의 역할을 수행하지 못하는 폐단이 있었다.

둘째, 지구대 구성원으로서 역량향상에 관심을 갖게 되었다. "아찔하구먼!" 소위 '인공위성' 신세를 가까스로 면한 한 팀원의 한마디는 우리의 심정을 단적으로 대변해준다. '인공위성'이 된 사례를 직접 보고 나니, 현장업무를 제대로 수행할 역량이 없으면 자신도 언제 그렇게 될지 모른다는 위기의식이 발동한 것이다. 이를 계기로 업무역량에 무관심하던 구성원도, 그럭저럭 일상업무를 수행해오던 구성원들도 역량향상에 관심을 갖게 되었다.

셋째, 업무 중심적 팀 구성이다. 성과주의 인사가 불러온 가장 주목할 만한 변화였다. 상부에서 일방적으로 인사명단을 짜던 관행을 탈피해 팀장에게 인사권을 위임한 것이다. 나와 함께 일할 사람을 직접 뽑으니 얼마나 신이 나겠는가? 그리고 그에 따르는 책임은 또 얼마나 막중하겠는가? 그러니 업무를 중심으로 팀원을 선발하지 않을 수 없었다. 우리의 2010년 성과관리는 이렇게 시작되었다.

:: 상하 간의 불신은 사라지고…

대치지구대 팀장은 대치지구대장이 선택했기 때문에, 팀장은 자신의 제1고객인 지구대장의 요구를 성실하게 수행할 수밖에 없다. 성과주의 하에서는 사전에 일의 기준, 즉 '목표'를 부여한 다음 구성원들이 이를 달성하기 위해 각자의 역할을 수행하기 때문에, 돌발적인 사건사고가 발생하지 않는 한 업무를 예측할 수 있다. 그러므로 지구대장의 개인적인 성향에 따른 지시나 감독이 사라지고, 계급을 앞세워 '찍어 누르거나' 인격적으로 '깨는' 상황도 거의 발생하지 않는다.

그리고 사실 지구대장으로서의 역할을 찾고 실행하다 보면 시간이 흐르는 것이 아까울 정도로 할 일이 많아, 팀장이나 팀원의 일을 일일이 간섭할 생각 자체가 들지 않는다. 또한 무엇보다도 내가 일을 하는 것처럼 팀장이나 팀원도 열심히 일하고 있으리라는 믿음을 갖게 된다.

이런 믿음이 생기는 것은 우리 각자에게 '목표'가 있기 때문이다. 그리고 목표달성을 위한 역할이 주어졌기 때문이다. 그래서 상하 간에 서로 무엇을 하고 있는지, 왜 그 일을 하고 있는지, 어디서 근무하고 있는지 등의 불신요인들이 발붙일 여지가 없어진다.

물론 자신의 역할을 하지 못하고 기존의 근무행태를 보이는 구성원도 있다. 그러나 구성원 개인이 각자의 목표달성전략을 제출할 때 '왜, 무엇 때문에' 그렇게 작성했는지 묻고, 서로 충분히 논의해 각자의 역할이 주어지는 것이므로, 스스로 작성한 개인 전략을 수행하느냐, 하지 않느냐의 책임은 결국 본인에게 돌아가게 된다.

시키는 일만 해오던 팀원은 자기 자신이 할 일을 직접 작성하고 보고하면서 자신의 결정에 대해 책임의식을 느끼게 되었다. 처음에는 형식적으로 작성하던 목표달성전략이 갈수록 구체화되고, 현실로 나타나는 것을 눈으로 확인하고 있다. 업무를 수행하는 데도 더욱 자발적이고 능동적으로 변모했다. 정해진 목표를 향해 구성원 개개인이 각자의 역할을 수행하면서 자연스럽게 상하 간의 신뢰는 커져갔다.

이러한 변화 속에서 대치지구대는 '2010 경찰의 날은 주민이 격려해주는 날로 만들겠다'는 지구대의 비전을 수립했다. 그리고 이를 달성하기 위해 구성원 모두가 짜임새 있고, 의미 있는 치안활동을 전개하고 있다.

현재 나는 대치지구대를 떠나 일원파출소에서 새로운 구성원들과 함께 성과주의를 정착시키기 위해 다시 한 번 달리고 있다.

모두 '제대로 일하는 공무원'이 되는 그날까지.

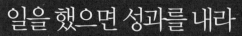

혼·창·통 : 당신은 이 셋을 가졌는가?

이지훈 지음 | 14,000원

세계 최고의 경영대가, CEO들이 말하는 성공의 3가지 道, '혼(魂), 창(創), 통(通)'! 조선일보 위클리비즈 편집장이자 경제학 박사인 저자가 3년간의 심층 취재를 토대로, 대가들의 황금 같은 메시지, 살아 펄떡이는 사례를 본인의 식견과 통찰력으로 풀어냈다. (추천 : 삶과 조직 경영에 있어 근원적인 해법을 찾는 모든 사람)

오리진이 되라

강신장 지음 | 14,000원

더 나은 것이 아니라, 세상에 없는 것을 만들어라! 창조의 '오리진'이 되어 운명을 바꿔라! CEO들을 창조의 바다로 안내한 SERI CEO의 전(前) 기획자 강신장이 말하는 세상에서 가장 맛있는 창조 이야기. 이제 세상을 다르게 보는 길이 열린다! (추천 : 오리진이 되어 자신의 운명을 창조하고 싶은 모든 이들을 위한 책)

Winning Habit 이기는 습관

1편 동사형 조직으로 거듭나라 | 전옥표 지음 | 12,000원
2편 평균의 함정을 뛰어넘어라 | 김진동 지음 | 12,000원

'총알 같은 실행력과 귀신 같은 전략'으로 뭉친 1등 조직의 비결과 실천적인 지침을 담았다. 1편에서 고객 중심의 실행력과 조직력을 설명했다면, 2편에서는 원칙과 기본기에 충실히 임하여 이기는 기업으로 우뚝 설 수 있는 방법을 제시한다.

나비의 꿈

박성혁 지음 | 12,000원

아무것도 없는 불모의 땅에서 2,000억 원의 경제적 성과를 이뤄낸 비밀은 무엇일까? 죽어 있던 조직을 되살리고, 멋진 팀워크로 하나의 비전을 향해 달려 나간 어느 시골마을의 100% 리얼 스토리! 드라마틱한 팀 혁신 스토리는, 찡한 감동과 함께 시들었던 열정도 되살린다. (추천 : 이미 많은 조직과 단체에서 필독서로 선정한 조직활성화의 모범답안)

180억 공무원 : 180억 신화 만든 '말단 공무원' 이야기

김가성 지음 | 12,000원

현업 일선에서 자신의 일과 삶에 대해 느끼고, 행동하고, 변화시킨 한 공무원의 감동적인 이야기를 담고 있다. 3,000만 원 예산으로 180억 수익을 창출한 9급 말단 공무원, 김가성. 그가 적어내려간 대한민국 최초로 발간된 '현장공무원' 성공기! (추천 : 자신의 일에서 보람과 긍지를 느끼고자 하는 모든 공무원들을 위한 성공노트)